LES ACTES MANQUÉS

INTRODUCTION À LA PSYCHANALYSE

SIGMUND FREUD

Traduction par
SAMUEL JANKÉLÉVITCH

INTRODUCTION

J'ignore combien d'entre vous connaissent la psychanalyse par leurs lectures ou par ouï-dire. Mais le titre même de ces leçons : *Introduction à la Psychanalyse*, m'impose l'obligation de faire comme si vous ne saviez rien sur ce sujet et comme si vous aviez besoin d'être initiés à ses premiers éléments.

Je dois toutefois supposer que vous savez que la psychanalyse est un procédé de traitement médical de personnes atteintes de maladies nerveuses. Ceci dit, je puis vous montrer aussitôt sur un exemple que les choses ne se passent pas ici comme dans les autres branches de la médecine, qu'elles s'y passent même d'une façon tout à fait contraire. Généralement, lorsque nous soumettons un malade à une technique médicale nouvelle pour lui, nous nous appliquons à en diminuer à ses yeux les inconvénients et à lui donner toutes les assurances possibles quant au succès du traitement. Je crois que nous avons raison de le faire, car en procédant ainsi nous augmentons effectivement les chances de succès. Mais on procède tout autrement, lorsqu'on soumet un névrotique au traitement psychanalytique. Nous le mettons alors au courant des difficultés de la méthode, de sa durée, des efforts et des sacrifices qu'elle exige ; et quant au résultat, nous lui disons que nous ne pouvons rien promettre, qu'il dépendra de la manière dont se comportera le malade lui-même, de son intelligence, de son obéissance, de sa patience. Il va sans dire que de bonnes raisons, dont vous saisirez peut-être l'importance plus tard, nous dictent cette conduite inaccoutumée.

Je vous prie de ne pas m'en vouloir si je commence par vous traiter comme ces malades névrotiques. Je vous déconseille tout simplement de venir m'entendre une autre fois. Dans cette intention, je vous ferai toucher du doigt toutes les imperfections qui sont nécessairement attachées à l'enseignement de la psychanalyse et toutes les difficultés qui s'opposent à l'acquisition d'un jugement personnel en cette matière. Je vous montrerai que toute votre culture antérieure et toutes les habitudes de votre pensée ont dû faire de vous inévitablement des adversaires de la psychanalyse, et je vous dirai ce que vous devez vaincre en vous-mêmes pour surmonter cette hostilité instinctive. Je ne puis naturellement pas vous prédire ce que mes leçons vous feront gagner au point de vue de la compréhension de la psychanalyse, mais je puis certainement vous promettre que le fait d'avoir assisté à ces leçons ne suffira pas à vous rendre capables d'entreprendre une recherche ou de conduire un traitement psychanalytique. Mais s'il en est parmi vous qui, ne se contentant pas d'une connaissance superficielle de la psychanalyse, désireraient entrer en contact permanent avec elle, non seulement je les en dissuaderais, mais je les mettrais directement en garde contre une pareille tentative. Dans l'état de choses actuel, celui qui choisirait cette carrière se priverait de toute possibilité de succès universitaire et se trouverait, en tant que praticien, en présence d'une société qui, ne comprenant pas ses aspirations, le considérerait avec méfiance et hostilité et serait prête à lâcher contre lui tous les mauvais esprits qu'elle abrite dans son sein. Et vous pouvez avoir un aperçu approximatif du nombre de ces mauvais esprits rien qu'en songeant aux faits qui accompagnent la guerre sévissant actuellement en Europe.

Il y a toutefois des personnes pour lesquelles toute nouvelle connaissance présente un attrait, malgré les inconvénients auxquels je viens de faire allusion. Si certains d'entre vous appartiennent à cette catégorie et veulent bien, sans se laisser décourager par mes avertissements, revenir ici la prochaine fois, ils seront les bienvenus. Mais vous avez tous le droit de connaître les difficultés de la psychanalyse, que je vais vous exposer.

La première difficulté est inhérente à l'enseignement même de la psychanalyse. Dans l'enseignement de la médecine, vous êtes habitués à voir. Vous voyez la préparation anatomique, le précipité qui se forme à la suite d'une réaction chimique, le raccourcissement du muscle par l'effet de l'excitation de ses nerfs. Plus tard, on présente à vos sens le malade, les symptômes de son affection, les produits du processus morbide, et dans beaucoup de cas on met même sous vos yeux, à l'état isolé, le germe qui provoqua la maladie. Dans les spécialités chirurgicales, vous assistez aux interventions par lesquelles on vient en aide au malade, et vous devez même essayer de les exécuter vous-mêmes. Et jusque dans la psychiatrie, la démonstration du malade, avec le jeu changeant de sa physionomie, avec sa manière de parler et de se comporter, vous apporte une foule d'observations qui vous laissent une impression profonde et durable. C'est ainsi que le professeur en médecine remplit le rôle d'un guide et d'un interprète qui vous accompagne comme à travers un musée, pendant que vous vous mettez en relations directes avec les objets et que vous croyez avoir acquis, par une perception personnelle, la conviction de l'existence des nouveaux faits.

Par malheur, les choses se passent tout différemment dans la psychanalyse. Le traitement psychanalytique ne comporte qu'un échange de paroles entre l'analysé et le médecin. Le patient parle, raconte les événements de sa vie passée et ses impressions présentes, se plaint, confesse ses désirs et ses émotions. Le médecin s'applique à diriger la marche des idées du patient, éveille ses souvenirs, oriente son attention dans certaines directions, lui donne des explications et observe les réactions de compréhension ou d'incompréhension qu'il provoque ainsi chez le malade. L'entourage inculte de nos patients, qui ne s'en laisse imposer que par ce qui est visible et palpable, de préférence par des actes tels qu'on en voit se dérouler sur l'écran du cinématographe, ne manque jamais de manifester son doute quant à l'efficacité que peuvent avoir de « simples discours », en tant que moyen de traitement. Cette critique est peu judicieuse et illogique. Ne sont-ce pas les mêmes gens qui savent d'une façon certaine que les malades « s'imaginent » seulement éprouver tels ou tels symptômes ? Les mots faisaient primitivement partie de la magie, et de nos jours encore le mot garde beaucoup de sa puissance de jadis. Avec des mots un homme peut rendre son semblable heureux ou le pousser au désespoir, et c'est à l'aide de mots que le maître transmet son savoir à ses élèves, qu'un orateur entraîne ses auditeurs et détermine leurs jugements et décisions. Les mots provoquent des émotions et constituent pour les hommes le moyen général de s'influencer réciproquement. Ne cherchons donc pas à diminuer la valeur que peut présenter l'application de mots à la psychothérapie et contentons-nous d'assister en auditeurs à l'échange de mots qui a lieu entre l'analyste et le malade.

Mais cela encore ne nous est pas possible. La conversation qui constitue le traitement psychanalytique ne supporte pas d'auditeurs ; elle ne se prête pas à la démonstration. On peut naturellement, au cours d'une leçon de psychiatrie, présenter aux élèves un neurasthénique ou un hystérique qui exprimera ses plaintes et racontera ses symptômes. Mais ce sera tout. Quant aux renseignements dont l'analyste a besoin, le malade ne les donnera que s'il éprouve pour le médecin une affinité de sentiment particulière ; il se taira, dès qu'il s'apercevra de la présence ne serait-ce que d'un seul témoin indifférent. C'est que ces renseignements se rapportent à ce qu'il y a de plus intime dans la vie psychique du malade, à tout ce qu'il doit, en tant que personne sociale autonome, cacher aux autres et, enfin, à tout ce qu'il ne veut pas avouer à lui-même, en tant que personne ayant conscience de son unité.

Vous ne pouvez donc pas assister en auditeurs à un traitement psychanalytique. Vous pouvez seulement en entendre parler et, au sens le plus rigoureux du mot, vous ne pourrez connaître la psychanalyse que par ouï-dire. Le fait de ne pouvoir obtenir que des renseignements, pour ainsi dire, de seconde main, vous crée des conditions inaccoutumées pour la formation d'un jugement. Tout dépend en grande partie du degré de confiance que vous inspire celui qui vous renseigne.

Supposez un instant que vous assistiez, non à une leçon de psychiatrie, mais à une leçon d'histoire et que le conférencier vous parle de la vie et des exploits d'Alexandre le Grand. Quelles raisons auriez-vous de croire à la véridicité de son récit ? À première vue, la situation paraît encore plus défavorable que dans la psychanalyse, car le professeur d'histoire n'a pas plus que vous pris part aux expéditions d'Alexandre, tandis que le psychanalyste vous parle du moins de faits dans lesquels il a lui-même joué un rôle. Mais alors intervient une circonstance qui rend l'historien digne de foi. Il peut notamment vous renvoyer aux récits de vieux écrivains, contemporains des événements en question ou assez proches d'eux, c'est-à-dire aux livres de Plutarque, Diodore, Arrien, etc. ; il peut faire passer sous vos yeux des reproductions des monnaies ou des statues du roi et une photographie de la mosaïque pompéienne représentant la bataille d'Issus. À vrai dire, tous ces documents prouvent seulement que des générations antérieures avaient déjà cru à l'existence d'Alexandre et à la réalité de ses exploits, et vous voyez dans cette considération un nouveau point de départ pour votre critique. Celle-ci sera tentée de conclure que tout ce qui a été raconté au sujet d'Alexandre n'est pas digne de foi ou ne peut pas être établi avec certitude dans tous les détails ; et cependant, je me refuse à admettre que vous puissiez quitter la salle de conférences en doutant de la réalité d'Alexandre le Grand. Votre décision sera déterminée par deux considérations principales : la première, c'est que le conférencier n'a aucune raison imaginable de vous faire admettre comme réel ce que lui-même ne considère pas comme tel ; la seconde, c'est que tous les livres d'histoire dont nous disposons représentent les événements d'une manière à peu près identique. Si vous abordez ensuite l'examen des sources plus anciennes, vous tiendrez compte des mêmes facteurs, à savoir des mobiles qui ont pu guider les auteurs et de la concordance de leurs témoignages. Dans le cas d'Alexandre, le résultat de l'examen sera certainement rassurant, mais il en sera autrement lorsqu'il s'agira de personnalités telles que Moïse ou Nemrod. Quant aux doutes que vous pouvez concevoir relativement au degré de confiance que mérite le rapport d'un psychanalyste, vous aurez encore dans la suite plus d'une occasion d'en apprécier la valeur.

Et, maintenant, vous êtes en droit de me demander puisqu'il n'existe pas de critère objectif pour juger de la véridicité de la psychanalyse et que nous n'avons aucune possibilité de faire de celle-ci un objet de démonstration, comment peut-on apprendre la psychanalyse et s'assurer de la vérité de ses affirmations ? Cet apprentissage n'est en effet pas facile, et peu nombreux sont ceux qui ont appris la psychanalyse d'une façon systématique, mais il n'en existe pas moins des voies d'accès vers cet apprentissage. On apprend d'abord la psychanalyse sur son propre corps, par l'étude de sa propre personnalité. Ce n'est pas là tout à fait ce qu'on appelle auto-observation, mais à la rigueur l'étude dont nous parlons peut y être ramenée. Il existe toute une série de phénomènes psychiques très fréquents et généralement connus dont on peut, grâce à quelques indications relatives à leur technique, faire sur soi-même des objets d'analyse. Ce faisant, on acquiert la conviction tant cherchée de la réalité des processus décrits par la psychanalyse et de la justesse de ses conceptions. Il convient de dire toutefois qu'on ne doit pas s'attendre, en suivant cette voie, à réaliser des progrès indéfinis. On avance beaucoup plus en se laissant analyser par un psychanalyste compétent, en éprouvant sur son propre moi les effets de la psychanalyse et en profitant de cette occasion pour saisir la technique du procédé dans toutes ses finesses. Il va sans dire que cet excellent moyen ne peut toujours être utilisé que par une seule personne et ne s'applique jamais à une réunion de plusieurs.

À votre accès à la psychanalyse s'oppose encore une autre difficulté qui, elle, n'est plus inhérente à la psychanalyse comme telle : c'est vous-mêmes qui en êtes responsables, du fait de vos études médicales antérieures. La préparation que vous avez reçue jusqu'à présent a imprimé à votre pensée une certaine orientation qui vous écarte beaucoup de la psychanalyse. On vous a habitués à assigner aux fonctions de l'organisme et à leurs troubles des causes anatomiques, à les expliquer en vous plaçant du point de vue de la chimie et de la physique, à les concevoir du point de vue biologique, mais jamais votre intérêt n'a été orienté vers la vie psychique dans laquelle culmine cependant le fonctionnement de notre organisme si admirablement compliqué. C'est pourquoi vous êtes restés étrangers à la manière de penser psychologique et c'est pourquoi aussi vous avez pris l'habitude de considérer celle-ci avec méfiance, de lui refuser tout caractère scientifique et de l'abandonner aux profanes, poètes, philosophes de la nature et mystiques. Cette limitation est certainement préjudiciable à votre activité médicale, car, ainsi qu'il est de règle dans toutes relations humaines, le malade commence toujours par vous présenter sa façade psychique, et je crains fort que vous y soyez obligés, pour votre châtiment, d'abandonner aux profanes, aux rebouteux et aux mystiques que vous méprisez tant, une bonne part de l'influence thérapeutique que vous cherchez à exercer.

Je ne méconnais pas les raisons qu'on peut alléguer pour excuser cette lacune dans votre préparation. Il nous manque encore cette science philosophique auxiliaire que vous puissiez utiliser pour la réalisation des fins posées par l'activité médicale. Ni la philosophie spéculative, ni la psychologie descriptive, ni la psychologie dite expérimentale et se rattachant à la physiologie des sens, ne sont capables, telles qu'on les enseigne dans les écoles, de vous fournir des données utiles sur les rapports entre le corps et l'âme et de vous offrir le moyen de comprendre un trouble psychique quelconque. Dans le cadre même de la médecine, la psychiatrie, il est vrai, s'occupe à décrire les troubles psychiques qu'elle observe et à les réunir en tableaux cliniques, mais dans leurs bons moments les psychiatres se demandent eux-mêmes si des arrangements purement descriptifs méritent le nom de science. Nous ne connaissons ni l'origine, ni le mécanisme, ni les liens réciproques des symptômes dont se composent ces tableaux nosologiques ; aucune modification démontrable de l'organe anatomique de l'âme ne leur correspond ; et quant aux modifications qu'on invoque, elles ne donnent des symptômes aucune explication. Ces troubles psychiques ne sont accessibles à une action thérapeutique qu'en tant qu'ils constituent des effets secondaires d'une affection organique quelconque.

C'est là une lacune que la psychanalyse s'applique à combler. Elle veut donner à la psychiatrie la base psychologique qui lui manque ; elle espère découvrir le terrain commun qui rendra intelligible la rencontre d'un trouble somatique et d'un trouble psychique. Pour parvenir à ce but, elle doit se tenir à distance de toute présupposition d'ordre anatomique, chimique ou physiologique, ne travailler qu'en s'appuyant sur des notions purement psychologiques, ce qui, je le crains fort, sera précisément la raison pour laquelle elle vous paraîtra de prime abord étrange.

Il est enfin une troisième difficulté dont je ne rendrai d'ailleurs responsables ni vous ni votre préparation antérieure. Parmi les prémisses de la psychanalyse, il en est deux qui choquent tout le monde et lui attirent la désapprobation universelle : l'une d'elles se heurte à un préjugé intellectuel, l'autre à un préjugé esthético-moral. Ne dédaignons pas trop ces préjugés : ce sont des choses puissantes, des survivances de phases de développement utiles, voire nécessaires, de l'humanité. Ils sont maintenus par des forces affectives, et la lutte contre eux est difficile.

D'après la première de ces désagréables prémisses de la psychanalyse, les processus psychiques seraient en eux-mêmes inconscients ; et quant aux conscients, ils ne seraient que des actes isolés, des fractions de la vie psychique totale. Rappelez-vous à ce propos que nous sommes, au contraire, habitués à identifier le psychique et le conscient, que nous considérons précisément la conscience comme une caractéristique, comme une définition du psychique et que la psychologie consiste pour nous dans l'étude des contenus de la conscience. Cette identification nous paraît même tellement naturelle que nous voyons une absurdité manifeste dans la moindre objection qu'on lui oppose. Et, pourtant, la psychanalyse ne peut pas ne pas soulever d'objection contre l'identité du psychique et du conscient. Sa définition du psychique dit qu'il se compose de processus faisant partie des domaines du sentiment, de la pensée et de la volonté ; et elle doit affirmer qu'il y a une pensée inconsciente et une volonté inconsciente. Mais par cette définition et cette affirmation elle s'aliène d'avance la sympathie de tous les amis d'une froide science et s'attire le soupçon de n'être qu'une science ésotérique et fantastique qui voudrait bâtir dans les ténèbres et pêcher dans l'eau trouble. Mais vous ne pouvez naturellement pas encore comprendre de quel droit je taxe de préjugé une proposition aussi abstraite que celle qui affirme que « le psychique est le conscient », de même que vous ne pouvez pas encore vous rendre compte du développement qui a pu aboutir à la négation de l'inconscient (à supposer que celui-ci existe) et des avantages d'une pareille négation. Discuter la question de savoir si l'on doit faire coïncider le psychique avec le conscient ou bien étendre celui-là au-delà des limites de celui-ci, peut apparaître comme une vaine logomachie, mais je puis vous assurer que l'admission de processus psychiques inconscients inaugure dans la science une orientation nouvelle et décisive.

Vous ne pouvez pas davantage soupçonner le lien intime qui existe entre cette première audace de la psychanalyse et celle que je vais mentionner en deuxième lieu. La seconde proposition que la psychanalyse proclame comme une de ses découvertes contient notamment l'affirmation que des impulsions qu'on peut qualifier seulement de sexuelles, au sens restreint ou large du mot, jouent, en tant que causes déterminantes des maladies nerveuses et psychiques, un rôle extraordinairement important et qui n'a pas été jusqu'à présent estimé à sa valeur. Plus que cela : elle affirme que ces mêmes émotions sexuelles prennent une part qui est loin d'être négligeable aux créations de l'esprit humain dans les domaines de la culture, de l'art et de la vie sociale.

D'après mon expérience, l'aversion suscitée par ce résultat de la recherche psychanalytique constitue la raison la plus importante des résistances auxquelles celle-ci se heurte. Voulez-vous savoir comment nous nous expliquons ce fait ? Nous croyons que la culture a été créée sous la poussée des nécessités vitales et aux dépens de la satisfaction des instincts et qu'elle est toujours recréée en grande partie de la même façon, chaque nouvel individu qui entre dans la société humaine renouvelant, au profit de l'ensemble, le sacrifice de ses instincts. Parmi les forces instinctives ainsi refoulées, les émotions sexuelles jouent un rôle considérable ; elles subissent une sublimation, c'est-à-dire qu'elles sont détournées de leur but sexuel et orientées vers des buts socialement supérieurs et qui n'ont plus rien de sexuel. Mais il s'agit là d'une organisation instable ; les instincts sexuels sont mal domptés, et chaque individu qui doit participer au travail culturel court le danger de voir ses instincts sexuels résister à ce refoulement. La société ne voit pas de plus grave menace à sa culture que celle que présenteraient la libération des instincts sexuels et leur retour à leurs buts primitifs. Aussi la société n'aime-t-elle pas qu'on lui rappelle cette partie scabreuse des fondations sur lesquelles elle repose ;

elle n'a aucun intérêt à ce que la force des instincts sexuels soit reconnue et l'importance de la vie sexuelle révélée à chacun ; elle a plutôt adopté une méthode d'éducation qui consiste à détourner l'attention de ce domaine. C'est pourquoi elle ne supporte pas ce résultat de la psychanalyse dont nous nous occupons : elle le flétrirait volontiers comme repoussant au point de vue esthétique, comme condamnable au point de vue moral, comme dangereux sous tous les rapports. Mais ce n'est pas avec des reproches de ce genre qu'on peut supprimer un résultat objectif du travail scientifique. L'opposition, si elle veut se faire entendre, doit être transposée dans le domaine intellectuel. Or, la nature humaine est faite de telle sorte qu'on est porté à considérer comme injuste ce qui déplaît ; ceci fait, il est facile de trouver des arguments pour justifier son aversion. Et c'est ainsi que la société transforme le désagréable en injuste, combat les vérités de la psychanalyse, non avec des arguments logiques et concrets, mais à l'aide de raisons tirées du sentiment, et maintient ces objections, sous forme de préjugés, contre toutes les tentatives de réfutation.

Mais il convient d'observer qu'en formulant la proposition en question nous n'avons voulu manifester aucune tendance. Notre seul but était d'exposer un état de fait que nous croyons avoir constaté à la suite d'un travail plein de difficultés. Et cette fois encore nous croyons devoir protester contre l'intervention de considérations pratiques dans le travail scientifique, et cela avant même d'examiner si les craintes au nom desquelles on voudrait nous imposer ces considérations sont justifiées ou non.

Telles sont quelques-unes des difficultés auxquelles vous vous heurterez si vous voulez vous occuper de psychanalyse. C'est peut-être plus qu'il n'en faut pour commencer. Si leur perspective ne vous effraie pas, nous pouvons continuer.

1

Ce n'est pas par des suppositions que nous allons commencer, mais par une recherche, à laquelle nous assignerons pour objet certains phénomènes, très fréquents, très connus et très insuffisamment appréciés et n'ayant rien à voir avec l'état morbide, puisqu'on peut les observer chez tout homme bien portant. Ce sont les phénomènes que nous désignerons par le nom générique d'actes manqués et qui se produisent lorsqu'une personne prononce ou écrit, en s'en apercevant ou non, un mot autre que celui qu'elle veut dire ou tracer *(lapsus)* ; lorsqu'on lit, dans un texte imprimé ou manuscrit, un mot autre que celui qui est réellement imprimé ou écrit *(fausse lecture)*, ou lorsqu'on entend autre chose que ce qu'on vous dit, sans que cette *fausse audition* tienne à un trouble organique de l'organe auditif. Une autre série de phénomènes du même genre a pour base *l'oubli*, étant entendu toutefois qu'il s'agit d'un oubli non durable, mais momentané, comme dans le cas, par exemple, où l'on ne peut pas retrouver un nom qu'on sait cependant et qu'on finit régulièrement par retrouver plus tard, ou dans le cas où l'on oublie de mettre à exécution un *projet* dont on se souvient cependant plus tard et qui, par conséquent, n'est oublié que momentanément. Dans une troisième série, c'est la condition de momentanéité qui manque, comme, par exemple, lorsqu'on ne réussit pas à mettre la main sur un objet qu'on avait cependant rangé quelque part ; à la même catégorie se rattachent les cas de *perte* tout à fait analogues. Il s'agit là d'oublis qu'on traite différemment des autres, d'oublis dont on s'étonne et au sujet desquels on est contrarié, au lieu de les trouver compréhensibles. À ces cas se rattachent encore certaines erreurs dans lesquelles la momentanéité apparaît de nouveau, comme lorsqu'on croit pendant quelque temps à des choses dont on savait auparavant et dont on saura de nouveau plus tard qu'elles ne sont pas telles qu'on se les représente. À tous ces cas on pourrait encore ajouter une foule de phénomènes analogues, connus sous des noms divers.

Il s'agit là d'accidents dont la parenté intime est mise en évidence par le fait que les mots servant à les désigner ont tous en commun le préfixe VER (en allemand) [1], d'accidents qui sont tous d'un caractère insignifiant, d'une courte durée pour la plupart et sans grande importance dans la vie des hommes. Ce n'est que rarement que tel, ou tel d'entre eux, comme la perte d'objets, acquiert une certaine importance pratique. C'est pourquoi ils n'éveillent pas grande attention, ne donnent lieu qu'à de faibles émotions, etc.

C'est de ces phénomènes que je veux vous entretenir. Mais je vous entends déjà exhaler votre mauvaise humeur : « Il existe dans le vaste monde extérieur, ainsi que dans le monde plus restreint de la vie psychique, tant d'énigmes grandioses, il existe, dans le domaine des troubles psychiques, tant de choses étonnantes qui exigent et méritent une explication, qu'il est vraiment frivole de gaspiller son temps à s'occuper de bagatelles pareilles. Si vous pouviez nous expliquer pourquoi tel homme ayant la vue et l'ouïe saines en arrive à voir en plein jour des choses qui n'existent pas, pourquoi tel autre se croit tout à coup persécuté par ceux qui jusqu'alors lui étaient le plus chers ou poursuit des chimères qu'un enfant trouverait absurdes, alors nous dirions que la psychanalyse mérite d'être prise en considération. Mais si la psychanalyse n'est pas capable d'autre chose que de rechercher pourquoi un orateur de banquet a prononcé un jour un mot pour un autre ou pourquoi une maîtresse de maison n'arrive pas à retrouver ses clefs, ou d'autres futilités du même genre, alors vraiment il y a d'autres problèmes qui sollicitent notre temps et notre attention. »

À quoi je vous répondrai : « Patience ! Votre critique porte à faux. Certes, la psychanalyse ne peut se vanter de ne s'être jamais occupée de bagatelles. Au contraire, les matériaux de ses observations sont constitués généralement par ces faits peu apparents que les autres sciences écartent comme trop insignifiants, par le rebut du monde phénoménal. Mais ne confondez-vous pas dans votre critique l'importance des problèmes avec l'apparence des signes ? N'y a-t-il pas des choses importantes qui dans certaines conditions et à de certains moments, ne se manifestent que par des signes très faibles ? Il me serait facile de vous citer plus d'une situation de ce genre. N'est-ce pas sur des signes imperceptibles que, jeunes gens, vous devinez avoir gagné la sympathie de telle ou telle jeune fille ? Attendez-vous, pour le savoir, une déclaration explicite de celle-ci, ou que la jeune fille se jette avec effusion à votre cou ? Ne vous contentez-vous pas, au contraire, d'un regard furtif, d'un mouvement imperceptible, d'un serrement de mains à peine prolongé ? Et lorsque vous vous livrez, en qualité de magistrat, à une enquête sur un meurtre, vous attendez-vous à ce que le meurtrier ait laissé sur le lieu du crime sa photographie avec son adresse, ou ne vous contentez-vous pas nécessairement, pour arriver à découvrir l'identité du criminel, de traces souvent très faibles et insignifiantes ? Ne méprisons donc pas les petits signes : ils peuvent nous mettre sur la trace de choses plus importantes. Je pense d'ailleurs comme vous que ce sont les grands problèmes du monde et de la science qui doivent surtout solliciter notre attention. Mais souvent il ne sert à rien de formuler le simple projet de se consacrer à l'investigation de tel ou tel grand problème, car on ne sait pas toujours où l'on doit diriger ses pas. Dans le travail scientifique, il est plus rationnel de s'attaquer à ce qu'on a devant soi, à des objets qui s'offrent d'eux-mêmes à notre investigation. Si on le fait sérieusement, sans idées préconçues, sans espérances exagérées et si l'on a de la chance, il peut arriver que, grâce aux liens qui rattachent tout à tout, le petit au grand, ce travail entrepris sans aucune prétention ouvre un accès à l'étude de grands problèmes. »

Voilà ce que j'avais à vous dire pour tenir en éveil votre attention, lorsque j'aurai à traiter des actes manqués, insignifiants en apparence, de l'homme sain. Nous nous adressons maintenant à quelqu'un qui soit tout à fait étranger à la psychanalyse et nous lui demanderons comment il s'explique la production de ces faits.

Il est certain qu'il commencera par nous répondre : « Oh, ces faits ne méritent aucune explication ; ce sont de petits accidents. » Qu'entend-il par là ? Prétendrait-il qu'il existe des événements négligeables, se trouvant en dehors de l'enchaînement de la phénoménologie du monde et qui auraient pu tout aussi bien ne pas se produire ? Mais en brisant le déterminisme universel, même en un seul point, on bouleverse toute la conception scientifique du monde. On devra montrer à notre homme combien la conception religieuse du monde est plus conséquente avec elle-même, lorsqu'elle affirme expressément qu'un moineau ne tombe pas du toit sans une intervention particulière de la volonté divine. Je suppose que notre ami, au lieu de tirer la conséquence qui découle de sa première réponse, se ravisera et dira qu'il trouve toujours l'explication des choses qu'il étudie. Il s'agirait de petites déviations de la fonction, d'inexactitudes du fonctionnement psychique dont les conditions seraient faciles à déterminer. Un homme qui, d'ordinaire, parle correctement peut se tromper en parlant : 1° lorsqu'il est légèrement indisposé ou fatigué ; 2° lorsqu'il est surexcité ; 3° lorsqu'il est trop absorbé par d'autres choses. Ces assertions peuvent être facilement confirmées. Les lapsus se produisent particulièrement souvent lorsqu'on est fatigué, lorsqu'on souffre d'un mal de tête ou à l'approche d'une migraine. C'est encore dans les mêmes circonstances que se produit facilement l'oubli de noms propres. Beaucoup de personnes reconnaissent l'imminence d'une migraine rien que par cet oubli. De même, dans la surexcitation on confond souvent aussi bien les mots que les choses, on se « méprend », et l'oubli de projets, ainsi qu'une foule d'autres actions non intentionnelles, deviennent particulièrement fréquents lorsqu'on est distrait, c'est-à-dire lorsque l'attention se trouve concentrée sur autre chose. Un exemple connu d'une pareille distraction nous est offert par ce professeur des « Fliegende Blätter » qui oublie son parapluie et emporte un autre chapeau à la place du sien, parce qu'il pense aux problèmes qu'il doit traiter dans son prochain livre. Quant aux exemples de projets conçus et de promesses faites, les uns et les autres oubliés parce que des événements se sont produits par la suite qui ont violemment orienté l'attention ailleurs, chacun en trouvera dans sa propre expérience.

Cela semble tout à fait compréhensible et à l'abri de toute objection. Ce n'est peut-être pas très intéressant, pas aussi intéressant que nous l'aurions cru. Examinons de plus près ces explications des actes manqués. Les conditions qu'on considère comme déterminantes pour qu'ils se produisent ne sont pas toutes de même nature. Malaise et trouble circulatoire interviennent dans la perturbation d'une fonction normale à titre de causes physiologiques ; surexcitation, fatigue, distraction sont des facteurs d'un ordre différent : on peut les appeler psycho-physiologiques. Ces derniers facteurs se laissent facilement traduire en théorie. La fatigue, la distraction, peut-être aussi l'excitation générale produisent une dispersion de l'attention, ce qui a pour effet que la fonction considérée ne recevant plus la dose d'attention suffisante, peut être facilement troublée ou s'accomplit avec une précision insuffisante. Une indisposition, des modifications circulatoires survenant dans l'organe nerveux central peuvent avoir le même effet, en influençant de la même façon le facteur le plus important, c'est-à-dire la répartition de l'attention. Il s'agirait donc dans tous les cas de phénomènes consécutifs à des troubles de l'attention, que ces troubles soient produits par des causes organiques ou psychiques.

Tout ceci n'est pas fait pour stimuler notre intérêt pour la psychanalyse et nous pourrions encore être tentés de renoncer à notre sujet. En examinant toutefois les observations d'une façon plus serrée, nous nous apercevrons qu'en ce qui concerne les actes manqués tout ne s'accorde pas avec cette théorie de l'attention ou tout au moins ne s'en laisse pas déduire naturellement. Nous constaterons notamment que des actes manqués et des oublis se produisent aussi chez des personnes, qui, loin d'être fatiguées, distraites ou surexcitées, se trouvent dans un état normal sous tous les rapports, et que c'est seulement après coup, à la suite précisément de l'acte manqué, qu'on attribue à ces personnes une surexcitation qu'elles se refusent à admettre. C'est une affirmation un peu simpliste que celle qui prétend que l'augmentation de l'attention assure l'exécution adéquate d'une fonction, tandis qu'une diminution de l'attention aurait un effet contraire. Il existe une foule d'actions qu'on exécute automatiquement ou avec une attention insuffisante, ce qui ne nuit en rien à leur précision. Le promeneur, qui sait à peine où il va, n'en suit pas moins le bon chemin et arrive au but sans tâtonnements. Le pianiste exercé laisse, sans y penser, retomber ses doigts sur les touches justes. Il peut naturellement lui arriver de se tromper, mais si le jeu automatique était de nature à augmenter les chances d'erreur, c'est le virtuose dont le jeu est devenu, à la suite d'un long exercice, purement automatique, qui devrait être le plus exposé à se tromper. Nous voyons, au contraire, que beaucoup d'actions réussissent particulièrement bien lorsqu'elles ne sont pas l'objet d'une attention spéciale, et que l'erreur peut se produire précisément lorsqu'on tient d'une façon particulière à la parfaite exécution, c'est-à-dire lorsque l'attention se trouve plutôt exaltée. On peut dire alors que l'erreur est l'effet de l'« excitation ». Mais pourquoi l'excitation n'altérerait-elle pas plutôt l'attention à l'égard d'une action à laquelle on attache tant d'intérêt ? Lorsque, dans un discours important ou dans une négociation verbale, quelqu'un fait un *lapsus* et dit le contraire de ce qu'il voulait dire, il commet une erreur qui se laisse difficilement expliquer par la théorie psychophysiologique ou par la théorie de l'attention.

Les actes manqués eux-mêmes sont accompagnés d'une foule de petits phénomènes secondaires qu'on ne comprend pas et que les explications tentées jusqu'à présent n'ont pas rendus plus intelligibles. Lorsqu'on a, par exemple, momentanément oublié un mot, on s'impatiente, on cherche à se le rappeler et on n'a de repos que lorsqu'il est retrouvé. Pourquoi l'homme à ce point contrarié réussit-il si rarement, malgré le désir qu'il en a, à diriger son attention sur le mot qu'il a, ainsi qu'il le dit lui-même, « sur le bout de la langue » et qu'il reconnaît dès qu'on le prononce devant lui ? Ou, encore, il y a des cas où les actes manqués se multiplient, s'enchaînent entre eux, se remplacent réciproquement. Une première fois, on oublie un rendez-vous ; la fois suivante, on est bien décidé à ne pas l'oublier, mais il se trouve qu'on a noté par erreur une autre heure. Pendant qu'on cherche par toutes sortes de détours à se rappeler un mot oublié, on laisse échapper de sa mémoire un deuxième mot qui aurait pu aider à retrouver le premier ; et pendant qu'on se met à la recherche de ce deuxième mot, on en oublie un troisième, et ainsi de suite. Ces complications peuvent, on le sait, se produire également dans les erreurs typographiques qu'on peut considérer comme des actes manqués du compositeur. Une erreur persistante de ce genre s'était glissée un jour dans une feuille sociale-démocrate. On pouvait y lire, dans le compte rendu d'une certaine manifestation : « On a remarqué, parmi les assistants, Son Altesse, le *Konrprinz* » (*au lieu de Kronprinz,* le prince héritier). Le lendemain, le journal avait tenté une rectification ; il s'excusait de son erreur et écrivait : « nous voulions dire, naturellement, le *Knorprinz* » *(toujours* au lieu de *Kronprinz).* On parle volontiers dans ces cas d'un mauvais génie qui présiderait aux erreurs typographiques, du lutin de la casse typographique, toutes expressions qui dépassent la portée d'une simple théorie psycho-physiologique de l'erreur typographique.

Vous savez peut-être aussi qu'on peut provoquer des lapsus de langage, par suggestion, pour ainsi dire. Il existe à ce propos une anecdote : un acteur novice est chargé un jour, dans la « Pucelle d'Orléans », du rôle important qui consiste à annoncer au roi que le *Connétable* renvoie son épée *(Schwert).* Or, pendant la répétition, un des figurants s'est amusé à souffler à l'acteur timide, à la place du texte exact, celui-ci : le *Confortable* renvoie son cheval *(Pferd)* [2]. Et il arriva que ce mauvais plaisant avait atteint son but : le malheureux acteur débuta réellement, au cours de la représentation, par la phrase ainsi modifiée, et cela malgré les avertissements qu'il avait reçus à ce propos, ou peut-être même à cause de ces avertissements.

Or, toutes ces petites particularités des actes manqués ne s'expliquent pas précisément par la théorie de l'attention détournée. Ce qui ne veut pas dire que cette théorie soit fausse. Pour être tout à fait satisfaisante, elle aurait besoin d'être complétée. Mais il est vrai, d'autre part, que plus d'un acte manqué peut encore être envisagé à un autre point de vue.

Considérons, parmi les actes manqués, ceux qui se prêtent le mieux à nos intentions : les erreurs de langage *(lapsus). Nous* pourrions d'ailleurs tout aussi bien choisir les erreurs d'écriture ou de lecture. À ce propos, nous devons tenir compte du fait que la seule question que nous nous soyons posée jusqu'à présent était de savoir quand et dans quelles conditions on commet des lapsus, et que nous n'avons obtenu de réponse qu'à cette seule question. Mais on peut aussi considérer la *forme* que prend le lapsus, l'effet qui en résulte. Vous devinez déjà que tant qu'on n'a pas élucidé cette dernière question, tant qu'on n'a pas expliqué l'effet produit par le lapsus, le phénomène reste, au point de vue psychologique, un accident, alors même qu'on a trouvé son explication physiologique. Il est évident que, lorsque je commets un lapsus, celui-ci peut revêtir mille formes différentes ; je puis prononcer, à la place du mot juste, mille mots inappropriés, imprimer au mot juste mille déformations. Et lorsque, dans un cas particulier, je ne commets, de tous les lapsus possibles, que tel lapsus déterminé, y a-t-il à cela des raisons décisives, ou ne s'agit-il là que d'un fait accidentel, arbitraire, d'une question qui ne comporte aucune réponse rationnelle ?

Deux auteurs, M. Meringer et M. Mayer (celui-là philologue, celui-ci psychiatre) ont essayé en 1895 d'aborder par ce côté la question des erreurs de langage. Ils ont réuni des exemples qu'ils ont d'abord exposés en se plaçant au point de vue purement descriptif. Ce faisant, ils n'ont naturellement apporté aucune explication, mais ils ont indiqué le chemin susceptible d'y conduire. Ils rangent les déformations que les lapsus impriment un discours intentionnel dans les catégories suivantes : a) interversions ; b) empiétement d'un mot ou partie d'un mot sur le mot qui le précède *(Vorklang)* ; *c)* prolongation superflue d'un mot *(Nachklang)* ; *d)* confusions (contaminations) ; *e)* substitutions. Je vais vous citer des exemples appartenant à chacune de ces catégories. Il y a *interversion,* lorsque quelqu'un dit, *la Milo de Vénus,* au lieu de *la Vénus de Milo* (interversion de l'ordre des mots). Il y a *empiétement* sur le mot précédent, lorsqu'on dit : « Es war mir auf der *Schwest...* auf der Brust so *schwer.* » *(Le* sujet voulait dire : « j'avais un tel poids sur la poitrine » ; dans cette phrase, le mot *schwer* [lourd] avait empiété en partie sur le mot antécédent *Brust* [poitrine].) Il y a prolongation ou répétition superflue d'un mot dans des phrases comme ce malheureux toast : « Ich fordere sie *auf, auf* dits Wohl unseres Chefs *aufzustossen* » (« *Je* vous invite à *démolir* la prospérité de notre chef » : au lieu de « boire — stossen — *à la* prospérité de notre chef ».) Ces trois formes de lapsus ne sont pas très fréquentes. Vous trouverez beaucoup plus d'observations dans lesquelles le lapsus résulte d'une *contraction* ou d'une *association,* comme lorsqu'un monsieur aborde dans la rue une dame en lui disant : « Wenn sie gestatten, Fräulein, möchte ich sie gerne *begleit-digen* » (« *Si vous* le permettez, Mademoiselle, je vous accompagnerais bien volontiers ») c'est du moins ce que le jeune homme voulait dire, mais il a commis un lapsus par contraction, en combinant le mot *begleiten,* accompagner, avec *beleidigen,* offenser, manquer de respect). Je dirai en passant que le jeune homme n'a pas dû avoir beaucoup de succès auprès de la jeune fille. Je citerai enfin, comme exemple de *substitution,* cette phrase empruntée à une des observations de Meringer et Mayer :« Je mets les préparations dans la boîte aux lettres *(Briefkasten)* », alors qu'on voulait dire : « dans le foin- à incubation *(Brutkasten)* ».

L'essai d'explication que les deux auteurs précités crurent pouvoir déduire de leur collection d'exemples me paraît tout à fait insuffisant. Ils pensent que les sons et les syllabes d'un mot possèdent des valeurs différentes et que l'intervention d'un élément ayant une valeur supérieure peut exercer une influence perturbatrice sur celle des éléments d'une valeur moindre. Ceci ne serait vrai, à la rigueur, que pour les cas, d'ailleurs peu fréquents, de la deuxième et de la troisième catégories ; dans les autres lapsus, cette prédominance de certains sons sur d'autres, à supposer qu'elle existe, ne joue aucun rôle. Les lapsus les plus fréquents sont cependant ceux où l'on remplace un mot par un autre qui lui ressemble, et cette ressemblance parait à beaucoup de personnes suffisante *pour* expliquer le lapsus. Un professeur dit, par exemple, dans sa leçon d'ouverture : « Je ne suis pas disposé *(geneigt)* à apprécier comme il convient les mérites de mon prédécesseur », alors qu'il voulait dire : « Je ne me reconnais pas une autorité suffisante *(geeignet)* pour apprécier, etc. » Ou un autre : « En ce qui concerne l'appareil génital de la femme, malgré les nombreuses *tentations (Versuchungen)*... pardon, malgré les nombreuses *tentatives (Versuche)* »...

Mais le lapsus le plus fréquent et le plus frappant est celui qui consiste à dire exactement le contraire de ce qu'on voudrait dire. Il est évident que dans ces cas les relations tonales et les effets de ressemblance ne jouent qu'un rôle minime ; on peut, pour remplacer ces facteurs, invoquer le fait qu'il existe entre les contraires une étroite affinité conceptuelle et qu'ils se trouvent particulièrement rapprochés dans l'association psychologique. Nous possédons des exemples historiques de ce genre : un président de notre Chambre des députés ouvre un jour la séance par ces mots : « Messieurs, je constate la présence de... membres et déclare, par conséquent, la séance *close*. »

N'importe quelle autre facile association, susceptible, dans certaines circonstances, de surgir mal à propos, peut produire le même effet. On raconte, par exemple, qu'au cours d'un banquet donné à l'occasion du mariage d'un des enfants de Helmholtz avec un enfant du grand industriel bien connu, E. Siemens, le célèbre physiologiste Dubois-Reymond prononça un speech et termina son toast, certainement brillant, par les paroles suivantes : « Vive donc la nouvelle firme Siemens et Halske. » En disant cela, il pensait naturellement à la vieille firme Siemens-Halske, l'association de ces deux noms étant familière à tout Berlinois.

C'est ainsi qu'en plus des relations tonales et de la similitude des mots, nous devons admettre également l'influence de l'association des mots. Mais cela encore ne suffit pas. Il existe toute une série de cas où l'explication d'un lapsus observé ne réussit que lorsqu'on tient compte de la proposition qui a été énoncée ou même pensée antérieurement. Ce sont donc encore des cas d'action à distance, dans le genre de celui cité par Meringer, mais d'une amplitude plus grande. Et ici je dois vous avouer qu'à tout bien considérer, il me semble que nous sommes maintenant moins que jamais à même de comprendre la véritable nature des erreurs de langage.

Je ne crois cependant pas me tromper en disant que les exemples de lapsus cités au cours de la recherche qui précède laissent une impression nouvelle qui vaut la peine qu'on s'y arrête. Nous avons examiné d'abord les conditions dans lesquelles un lapsus se produit d'une façon générale, ensuite les influences qui déterminent telle ou telle déformation du mot ; mais nous n'avons pas encore envisagé l'effet du lapsus en lui-même, indépendamment de son mode de production. Si nous nous décidons à le faire, nous devons enfin avoir le courage de dire : dans quelques-uns des exemples cités, la déformation qui constitue un lapsus a un sens. Qu'entendons-nous par ces mots : a *un sens* ? Que l'effet du lapsus a peut-être le droit d'être considéré comme un acte psychique complet, ayant son but propre, comme une manifestation ayant son contenu et sa signification propres. Nous n'avons parlé jusqu'à présent que d'actes manqués, mais il semble maintenant que l'acte manqué puisse être parfois une action tout à fait correcte, qui ne fait que se substituer à l'action attendue ou voulue.

Ce sens propre de l'acte manqué apparaît dans certains cas d'une façon frappante et irrécusable. Si, dès les premiers mots qu'il prononce, le président déclare qu'il clôt la séance, alors qu'il voulait la déclarer ouverte, nous sommes enclins, nous qui connaissons les circonstances dans lesquelles s'est produit ce lapsus, à trouver un sens à cet acte manqué. Le président n'attend rien de bon de la séance et ne serait pas fâché de pouvoir l'interrompre. Nous pouvons sans aucune difficulté découvrir le sens, comprendre la signification du lapsus en question. Lorsqu'une dame connue pour son énergie raconte : « Mon mari a consulté un médecin au sujet du régime qu'il avait à suivre ; le médecin lui a dit qu'il n'avait pas besoin de régime, qu'il pouvait manger et boire *ce que je voulais* », — il y a là un lapsus, certes, mais qui apparaît comme l'expression irrécusable d'un programme bien arrêté.

Si nous réussissons à constater que les lapsus ayant un sens, loin de constituer une exception, sont au contraire très fréquents, ce sens, dont il n'avait pas encore été question à propos des actes manqués, nous apparaîtra nécessairement comme la chose la plus importante, et nous aurons le droit de refouler à l'arrière-plan tous les autres points de vue. Nous pourrons notamment laisser de côté tous les facteurs physiologiques et psychophysiologiques et nous borner à des recherches purement psychologiques sur le sens, sur la signification des actes manqués, sur les intentions qu'ils révèlent. Aussi ne tarderons-nous pas à examiner à ce point de vue un nombre plus ou moins important d'observations.

Avant toutefois de réaliser ce projet, je vous invite à suivre avec moi une autre voie. Il est arrivé à plus d'un poète de se servir du lapsus ou d'un autre acte manqué quelconque comme d'un moyen de représentation poétique. À lui seul, ce fait suffit à nous prouver que le poète considère l'acte manqué, le lapsus, par exemple, comme n'étant pas dépourvu de sens, d'autant plus qu'il produit cet acte intentionnellement. Personne ne songerait à admettre que le poète se soit trompé en écrivant et qu'il ait laissé subsister son erreur, laquelle serait devenue de ce fait un lapsus dans la bouche du personnage. Par le lapsus, le poète veut nous faire entendre quelque chose, et il nous est facile de voir ce que cela peut être, de nous rendre compte s'il entend nous avertir que la personne en question est distraite ou fatiguée ou menacée d'un accès de migraine. Mais alors que le poète se sert du lapsus comme d'un mot ayant un sens, nous ne devons naturellement pas en exagérer la portée. En réalité, un lapsus peut être entièrement dépourvu de sens, n'être qu'un accident psychique ou n'avoir un sens qu'exceptionnellement, sans qu'on puisse refuser au poète le droit de le spiritualiser en lui attachant un sens, afin de le faire servir aux intentions qu'il poursuit. Ne vous étonnez donc pas si je vous dis que vous pouvez mieux vous renseigner sur ce sujet en lisant les poètes qu'en étudiant les travaux de philologues et de psychiatres.

Nous trouvons un pareil exemple de lapsus dans « Wallenstein » (Piccolomini, 1er acte, V^e scène). Dans la scène précédente, Piccolomini avait passionnément pris parti pour le duc en exaltant les bienfaits de la paix, bienfaits qui se sont révélés à lui au cours du voyage qu'il a fait pour accompagner au camp la fille de Wallenstein. Il laisse son père et l'envoyé de la cour dans la plus profonde consternation. Et la scène se poursuit :

QUESTENBERG. — Malheur à nous ! Où en sommes-nous, amis ? Et le laisserons-nous partir avec cette chimère, sans le rappeler et sans lui ouvrir immédiatement les yeux ?

OCTAVIO. *(tiré d'une profonde réflexion).* — Les miens sont ouverts et ce que je vois est loin de me réjouir.

QUESTENBERG. — De quoi s'agit-il, ami ?

OCTAVIO. — Maudit soit ce voyage !

QUESTENBERG. — Pourquoi ? qu'y a-t-il ?

OCTAVIO. – Venez ! Il faut que je suive sans tarder la malheureuse trace, que je voie de mes yeux... Venez !

(Il veut l'emmener.)

QUESTENBERG. — Qu'avez-vous ? Où voulez-vous aller ?

OCTAVIO. *(pressé).* — *Vers elle !*

QUESTENBEBG. — Vers...

OCTAVIO. *(se reprenant).* — Vers le duc ! Allons ! etc.

Octavio voulait dire : « Vers lui, vers le duel » Mais il commet un lapsus et révèle (à nous du moins) par les mots : vers *elle,* qu'il a deviné sous quelle influence le jeune guerrier rêve aux bienfaits de la paix.

O. Rank a découvert chez Shakespeare un exemple plus frappant encore du même genre. Cet exemple se trouve dans le *Marchand de Venise,* et plus précisément dans la célèbre scène où l'heureux amant doit choisir entre trois coffrets. Je ne saurais mieux faire que de vous lire le bref passage de Rank se rapportant à ce détail.

« On trouve dans le *Marchand de Venise.* de Shakespeare (troisième acte, scène II), un cas de lapsus très finement motivé au point de vue poétique et d'une brillante mise en valeur au point de vue technique ; de même que l'exemple relevé par Freud dans « Wallenstein » (*Zur Psychologie des Alltagslebens*, 2ᵉ édition, p. 48), il prouve que les poètes connaissent bien le mécanisme et le sens de cet acte manqué et supposent chez l'auditeur une compréhension de ce sens. Contrainte par son père à choisir un époux par tirage au sort, Portia a réussi jusqu'ici à échapper par un heureux hasard à tous les prétendants qui ne lui agréaient pas. Ayant enfin trouvé en Bassanio celui qui lui plaît, elle doit craindre qu'il ne tire lui aussi la mauvaise carte. Elle voudrait donc lui dire que même alors il pourrait être sûr de son amour, mais le vœu qu'elle a fait l'empêche de le lui faire savoir. Tandis qu'elle est en proie à cette lutte intérieure, le poète lui fait dire au prétendant qui lui est cher :

« Je vous en prie : restez ; demeurez un jour ou deux, avant de vous en rapporter au hasard, car si votre choix est mauvais, je perdrai votre société. Attendez donc. Quelque chose me dit (mais ce n'est pas l'amour) que j'aurais du regret à vous perdre... Je pourrais vous guider, de façon à vous apprendre à bien choisir, mais je serais parjure, et je ne le voudrais pas. Et c'est ainsi que vous pourriez ne pas m'avoir ; et alors vous me feriez regretter de ne pas avoir commis le péché d'être parjure. Oh, ces yeux qui m'ont troublée et partagée en deux moitiés : l'une *qui vous appartient, l'autre qui est à vous... qui est à moi*, voulais-je dire. Mais si elle m'appartient, elle est également à vous, et ainsi vous m'avez tout entière. »

« Cette chose, à laquelle elle aurait voulu seulement faire une légère allusion, parce qu'au fond elle aurait dû la taire, à savoir qu'avant même le choix elle est à lui *tout entière* et l'aime, l'auteur, avec une admirable finesse psychologique, la laisse se révéler dans le lapsus et sait par cet artifice calmer l'intolérable incertitude de l'amant, ainsi que celle des spectateurs quant à l'issue du choix. »

Observons encore avec quelle finesse Portia finit par concilier les deux aveux contenus dans son lapsus, par supprimer la contradiction qui existe entre eux, tout en donnant libre cours à l'expression de sa promesse : « mais si elle m'appartient, elle est également à vous, et ainsi vous m'avez tout entière ».

Par une seule remarque, un penseur étranger à la médecine a, par un heureux hasard, trouvé le sens d'un acte manqué et nous a ainsi épargné la peine d'en chercher l'explication. Vous connaissez tous le génial satirique Lichtenberg (1742-1799) dont Gœthe disait que chacun des traits d'esprit cachait un problème. Et c'est à un trait d'esprit que nous devons souvent la solution du problème. Lichtenberg note quelque part qu'à force d'avoir lu Homère, il avait fini par lire « Agamemnon » partout où était écrit le mot « angenommen » (accepté). Là réside vraiment la théorie du lapsus.

Nous examinerons dans la prochaine leçon la question de savoir si nous pouvons être d'accord avec les poètes quant à la conception des actes manqués.

---

1. Par exemple : Ver-sprechen (lapsus) ; Ver-lesen (fausse lecture), Ver-hören (fausse audition), Ver-legen (impossibilité de retrouver un objet qu'on a rangé), etc. Ce mode d'expression d'actes manqués, de faux pas, de faux gestes, de fausses impressions manque en français. N. d. T.

2. Voici la juxtaposition de ces deux phrases en allemand :
   1° Der Connétable schickt sein Schwert zurück.
   2° Der Comfortabel schickt sein Pferd zurück.

   Il y a donc confusion d'une part, entre les mots *Connétable* et *Comforlabel;* d'autre part, entre les mots *Schiwert* et *Pferd*.

2

La dernière fois, nous avions conçu l'idée d'envisager l'acte manqué, non dans ses rapports avec la fonction intentionnelle qu'il trouble, mais en lui-même. Il nous avait paru que l'acte manqué trahissait dans certains cas un sens propre, et nous nous étions dit que s'il était possible de confirmer cette première impression sur une plus vaste échelle, le sens propre des actes manqués serait de nature à nous intéresser plus vivement que les circonstances dans lesquelles cet acte se produit.

Mettons-nous une fois de plus d'accord sur ce que nous entendons dire, lorsque nous parlons du « sens » d'un processus psychique. Pour nous, ce « sens » n'est autre chose que l'intention qu'il sert et la place qu'il occupe dans la série psychique. Nous pourrions même, dans la plupart de nos recherches, remplacer le mot « sens » par les mots « intention » ou « tendance ». Eh bien, cette intention que nous croyons discerner dans l'acte manqué, ne serait-elle qu'une trompeuse apparence ou une poétique exagération ?

Tenons-nous-en toujours aux exemples de lapsus et passons en revue un nombre plus ou moins important d'observations relatives. Nous trouverons alors des catégories entières de cas où le sens du lapsus ressort avec évidence. Il s'agit, en premier lieu, des cas où l'on dit le contraire de ce qu'on voudrait dire. Le président dit dans son discours d'ouverture : « Je déclare la séance close ». Ici, pas d'équivoque possible. Le sens et l'intention trahis par son discours sont qu'il veut clore la séance. Il le dit d'ailleurs lui-même, pourrait-on ajouter à ce propos ; et nous n'avons qu'à le prendre au mot. Ne me troublez pas pour le moment par vos objections, en m'opposant, par exemple, que la chose est impossible, attendu que nous savons qu'il voulait, non clore la séance, mais l'ouvrir, et que lui-même, en qui nous avons reconnu la suprême instance, confirme qu'il voulait l'ouvrir. N'oubliez pas que nous étions convenus de n'envisager d'abord l'acte manqué qu'en lui-même ; quant à ses rapports avec l'intention qu'il trouble, il en sera question plus tard. En procédant autrement, nous commettrions une erreur logique qui nous ferait tout simplement escamoter la question *(begging the question,* disent les Anglais) qu'il s'agit de traiter.

Dans d'autres cas, où l'on n'a pas précisément dit le contraire de ce qu'on voulait, le lapsus n'en réussit pas moins à exprimer un sens opposé. *Ich bin nicht geneigt die Verdienste racines Vorgängers zu wür-*

digen. Le mot *geneigt* (disposé) n'est pas le contraire de *geeignet* (autorisé) ; mais il s'agit là d'un aveu public, en opposition flagrante avec la situation de l'orateur.

Dans d'autres cas encore, le lapsus ajoute tout simplement un autre sens au sens voulu. La proposition apparaît alors comme une sorte de contraction, d'abréviation, de condensation de plusieurs propositions. Tel est le cas de la dame énergique dont nous avons parlé dans le chapitre précédent. « Il peut manger et boire, disait-elle de son mari, ce que *je veux* » comme si elle avait dit : « Il peut manger et boire ce qu'il veut. Mais qu'a-t-il à vouloir ? C'est moi qui veux à sa place. » Les lapsus laissent souvent l'impression d'être des abréviations de ce genre. Exemple : un professeur d'anatomie, après avoir terminé une leçon sur la cavité nasale, demande à ses auditeurs s'ils l'ont compris. Ceux-ci ayant répondu affirmativement, le professeur continue — « Je ne le pense pas, car les gens comprenant la structure anatomique de la cavité nasale peuvent, même dans une ville d'un million d'habitants, être comptés *sur un doigt...* pardon, sur les doigts d'une main. » La phrase abrégée avait aussi son sens : le professeur voulait dire qu'il n'y avait qu'un seul homme comprenant la structure de la cavité nasale.

À côté de ce groupe de cas, où le sens de l'acte manqué apparaît de lui-même, il en est d'autres où le lapsus ne révèle rien de significatif et qui, par conséquent, sont contraires à tout ce que nous pouvions attendre. Lorsque quelqu'un écorche un nom propre ou juxtapose des suites de sons insolites, ce qui arrive encore assez souvent, la question du sens des actes manqués ne comporte qu'une réponse négative. Mais en examinant ces exemples de plus près, on trouve que les déformations des mots ou des phrases s'expliquent facilement, voire que la différence entre ces cas plus obscurs et les cas plus clairs cités plus haut n'est pas aussi grande qu'on l'avait cru tout d'abord.

Un monsieur auquel on demande des nouvelles de son cheval, répond : « Ja, das *draut...* das dauert vielleicht noch einem Monat. » Il voulait dire : cela va durer *(das dauert)* peut-être encore un mois. Questionné sur le sens qu'il attachait au mot *draut (qu'il* a failli employer à la place de *dauert),* il répondit que, pensant que la maladie de son cheval était pour lui un triste *(traurig)* événement, il avait, malgré lui, opéré la fusion des mots *traurifl* et *dauert,* ce qui a produit le lapsus *draut* (Meringer et Mayer).

Un autre, parlant de certains procédés qui le révoltent ajoute : « Daim aber sind Tatsachen zum *Vorschwein* gekommen... » Or, il voulait dire : « Dann aber sind Tatsachenzum*Vorschein* gekommen. »(« Des faits se sont alors révélés... ») Mais, comme il qualifiait mentalement les procédés en question de *cochonneries (Schweinereien), il* avait opéré involontairement l'association des mots *Vorschein* et *Schweinereien,* et il en est résulté le lapsus *Vorschwein* (Meringer et Mayer).

Rappelez-vous le cas de ce jeune homme qui s'est offert d'accompagner une dame qu'il ne connaissait pas par le mot *begleit-digen. Nous* nous sommes permis de décomposer le mot en *begleiten* (accompagner) et *beleidigen* (manquer de respect), et nous étions tellement sûrs de cette interprétation que nous n'avons même pas jugé utile d'en chercher la confirmation. Vous voyez d'après ces exemples que même ces cas de lapsus, plus obscurs, se laissent expliquer par la rencontre, *l'interférence* des expressions verbales de deux intentions. La seule différence qui existe entre les diverses catégories de cas consiste en ce que dans certains d'entre eux, comme dans les lapsus par opposition, une intention en remplace entièrement une autre *(substitution)*, tandis que dans d'autres cas a lieu une déformation ou une modification d'une intention par une autre, avec production de mots mixtes ayant plus ou moins de sens.

Nous croyons ainsi avoir pénétré le secret d'un grand nombre de lapsus. En maintenant cette manière de voir, nous serons à même de comprendre d'autres groupes qui paraissent encore énigmatiques. C'est ainsi qu'en ce qui concerne la déformation de noms, nous ne pouvons pas admettre qu'il s'agisse toujours d'une concurrence entre deux noms, à la fois semblables et différents. Même en l'absence de cette concurrence, la deuxième *intention n'est* pas difficile à découvrir. La déformation d'un nom a souvent lieu en dehors de tout lapsus. Par elle, on cherche à rendre un nom malsonnant ou à lui donner une assonance qui rappelle un objet vulgaire. C'est un genre d'insulte très répandu, auquel l'homme cultivé finit par renoncer, souvent à contrecœur. Il lui donne souvent la forme d'un « trait d'esprit », d'une qualité tout à fait inférieure.

Il semble donc indiqué d'admettre que le lapsus résulte souvent d'une intention injurieuse qui se manifeste par la déformation du nom. En étendant notre conception, nous trouvons que des explications analogues valent pour certains cas de lapsus à effet comique ou absurde : « Je vous invite à *roter à (aufstossen)* la prospérité, de notre chef » (au lieu de : *boire à la santé —anstossen*). Ici une disposition solennelle est troublée, contre toute attente, par l'irruption d'un mot qui éveille une représentation désagréable ; et, nous rappelant certains propos et discours injurieux, nous sommes autorisés à admettre que, dans le cas dont il s'agit, une tendance cherche à se manifester, en contradiction flagrante avec l'attitude apparemment respectueuse de l'orateur. C'est, au fond, comme si celui-ci avait voulu dire : ne croyez pas à ce que je dis, je ne parle pas sérieusement, je me moque du bonhomme, etc. Il en est sans doute de même de lapsus où des mots anodins se trouvent transformés en mots inconvenants et obscènes.

La tendance à cette transformation, ou plutôt à cette déformation, s'observe chez beaucoup de gens qui agissent ainsi par plaisir, pour « faire de l'esprit ». Et, en effet, chaque fois que nous entendons une pareille déformation, nous devons nous renseigner à l'effet de savoir si son auteur a voulu seulement se montrer spirituel ou s'il a laissé échapper un lapsus véritable.

Nous avons ainsi résolu avec une facilité relative l'énigme des actes manqués ! Ce ne sont pas des accidents, mais des actes psychiques sérieux, ayant un sens, produits par le concours ou, plutôt, par l'opposition de deux intentions différentes. Mais je prévois toutes les questions et tous les doutes que vous pouvez soulever à ce propos, questions et doutes qui doivent recevoir des réponses et des solutions avant que nous soyons en droit de nous réjouir de ce premier résultat obtenu. Il n'entre nullement dans mes intentions de vous pousser à des décisions hâtives. Discutons tous les points dans l'ordre, avec calme, l'un après l'autre.

Que pourriez-vous me demander ? Si je pense que l'explication que je propose est valable pour tous les cas ou seulement pour un certain nombre d'entre eux ? Si la même conception s'étend à toutes les autres variétés d'actes manqués : erreurs de lecture, d'écriture, oubli, méprise, impossibilité de retrouver un objet rangé, etc. ? Quel rôle peuvent encore jouer la fatigue, l'excitation, la distraction, les troubles de l'attention, en présence de la nature psychique des actes manqués ? On constate, en outre que, des deux tendances concurrentes d'un acte manqué, l'une est toujours patente, l'autre non. Que fait-on pour mettre en évidence cette dernière et, lorsqu'on croit y avoir réussi, comment prouve-t-on que cette tendance, loin d'être seulement vraisemblable, est la seule possible ? Avez-vous d'autres questions encore à me poser ? Si vous n'en avez pas, je continuerai à en poser moi-même. Je vous rappellerai qu'à vrai dire les actes manqués, comme tels, nous intéressent peu, que nous voulions seulement de leur étude tirer des résultats applicables à la psychanalyse. C'est pourquoi je pose la question suivante : quelles sont ces intentions et tendances, susceptibles de troubler ainsi d'autres intentions et tendances, et quels sont les rapports existant entre les tendances troublées et les tendances perturbatrices ? C'est ainsi que notre travail ne fera que recommencer après la solution du problème.

Donc : notre explication est-elle valable pour tous les cas de lapsus ? Je suis très porté à le croire, parce qu'on retrouve cette explication toutes les fois qu'on examine un lapsus. Mais rien ne prouve qu'il n'y ait pas de lapsus produits par d'autres mécanismes. Soit. Mais au point de vue théorique cette possibilité nous importe peu, car les conclusions que nous entendons formuler concernant l'introduction à la psychanalyse demeurent, alors même que les lapsus cadrant avec notre conception ne constitueraient que la minorité, ce qui n'est certainement pas le cas. Quant à la question suivante, à savoir si nous devons étendre aux autres variétés d'actes manqués les résultats que nous avons obtenus relativement aux lapsus, j'y répondrai affirmativement par anticipation. Vous verrez d'ailleurs que j'ai raison de le faire, lorsque nous aurons abordé l'examen des exemples relatifs aux erreurs d'écriture, aux méprises, etc. Je vous propose toutefois, pour des raisons techniques, d'ajourner ce travail jusqu'à ce que nous ayons approfondi davantage le problème des lapsus.

Et maintenant, en présence du mécanisme psychique que nous venons de décrire, quel rôle revient encore à ces facteurs auxquels les auteurs attachent une importance primordiale : troubles circulatoires, fatigue, excitation, distraction, troubles de l'attention ? Cette question mérite un examen attentif. Remarquez bien que nous ne contestons nullement l'action de ces facteurs. Et, d'ailleurs, il n'arrive pas souvent à la psychanalyse de contester ce qui est affirmé par d'autres ; généralement, elle ne fait qu'y ajouter du nouveau et, à l'occasion, il se trouve que ce qui avait été omis par d'autres et ajouté par elle constitue précisément l'essentiel. L'influence des dispositions physiologiques, résultant de malaises, de troubles circulatoires, d'états d'épuisement, sur la production de lapsus doit être reconnue sans réserves. Votre expérience personnelle et journalière suffit à vous rendre évidente cette influence. Mais que cette explication explique peu ! Tout d'abord, les états que nous venons d'énumérer ne sont pas les conditions nécessaires de l'acte manqué. Le lapsus se produit tout aussi bien en pleine santé, en plein état normal. Ces facteurs somatiques n'ont de valeur qu'en tant qu'ils facilitent et favorisent le mécanisme psychique particulier du lapsus. Je me suis servi un jour, pour illustrer ce rapport, d'une comparaison que je vais reprendre aujourd'hui, car je ne saurais la remplacer par une meilleure. Supposons, qu'en traversant par une nuit obscure un lieu désert, je sois attaqué par un rôdeur qui me dépouille de ma montre et de ma bourse et qu'après avoir été ainsi volé par ce malfaiteur, dont je n'ai pu discerner le visage, j'aille déposer une plainte au commissariat de police le plus proche en disant : « la solitude et l'obscurité viennent de me dépouiller de mes bijoux » ; le commissaire pourra alors me répondre : « il me semble que vous avez tort de vous en tenir à cette explication ultra-mécaniste. Si vous le voulez bien, nous nous représenterons plutôt la situation de la manière suivante :

protégé par l'obscurité, favorisé par la solitude, un voleur inconnu vous a dépouillé de vos objets de valeur. Ce qui, à mon avis, importe le plus dans votre cas, c'est de retrouver le voleur ; alors seulement nous aurons quelques chances de lui reprendre les objets qu'il vous a volés ».

Les facteurs psycho-physiologiques tels que l'excitation, la distraction, les troubles de l'attention, ne nous sont évidemment que de peu de secours pour l'explication des actes manqués. Ce sont des manières de parler, des paravents derrière lesquels nous ne pouvons nous empêcher de regarder. On peut se demander plutôt : quelle est, dans tel cas particulier, la cause de l'excitation, de la dérivation particulière de l'attention ? D'autre part, les influences tonales, les ressemblances verbales, les associations habituelles que présentent les mots ont également, il faut le reconnaître, une certaine importance. Tous ces facteurs facilitent le lapsus en lui indiquant la voie qu'il peut suivre. Mais suffit-il que j'aie un chemin devant moi pour qu'il soit entendu que je le suivrai ? Il faut encore un mobile pour m'y décider, il faut une force pour m'y pousser. Ces rapports tonaux et ces ressemblances verbales ne font donc, tout comme les dispositions corporelles, que favoriser le lapsus, sans l'expliquer à proprement parler. Songez donc que, dans l'énorme majorité des cas, mon discours n'est nullement troublé par le fait que les mots que j'emploie en rappellent d'autres par leur assonance ou sont intimement liés à leurs contraires ou provoquent des associations usuelles. On pourrait encore dire, à la rigueur, avec le philosophe Wundt, que le lapsus se produit lorsque, par suite d'un épuisement corporel, la tendance à l'association en vient à l'emporter sur toutes les autres intentions du discours. Ce serait parfait si cette explication n'était pas contredite par l'expérience qui montre, dans certains cas, l'absence des facteurs corporels et, dans d'autres, l'absence d'associations susceptibles de favoriser le lapsus.

Mais je trouve particulièrement intéressante votre question relative à la manière dont on constate les deux tendances interférentes. Vous ne vous doutez probablement pas des graves conséquences qu'elle peut présenter, selon la réponse qu'elle recevra. En ce qui concerne l'une de ces tendances, la tendance troublée, aucun doute n'est possible à son sujet : la personne qui accomplit un acte manqué connaît cette tendance et s'en réclame. Des doutes et des hésitations ne peuvent naître qu'au sujet de l'autre tendance, de la tendance perturbatrice. Or, je vous l'ai déjà dit, et vous ne l'avez certainement pas oublié, il existe toute une série de cas où cette dernière tendance est également manifeste. Elle nous est révélée par l'effet du lapsus, lorsque nous avons seulement le courage d'envisager cet effet en lui-même. Le président dit le contraire de ce qu'il devrait dire : il est évident qu'il veut ouvrir la séance, mais il n'est pas moins évident qu'il ne serait pas fâché de la clore. C'est tellement clair que toute autre interprétation devient inutile. Mais dans les cas où la tendance perturbatrice ne fait que déformer la tendance primitive, sans s'exprimer, comment pouvons-nous la dégager de cette déformation ?

Dans une première série de cas, nous pouvons le

faire très simplement et très sûrement, de la même manière dont nous établissons la tendance troublée. Nous l'apprenons, dans les cas dont il s'agit, de la bouche même de la personne intéressée qui, après avoir commis le lapsus, se reprend et rétablit le mot juste, comme dans l'exemple cité plus haut :« Das *draut...* nein, das *dauert* vielleicht noch einen Monat ». À la question : pourquoi avez-vous commencé par employer le mot *draut* ? la personne répond qu'elle avait voulu dire : « c'est une triste *(taurige)* histoire », mais qu'elle a, sans le vouloir, opéré l'association des mots *dauert* et *traurig,* ce qui a produit le lapsus *draut.* Et voilà la tendance perturbatrice révélée par la personne intéressée elle-même. Il en est de même dans le cas du lapsus *Vorschwein* (voir plus haut, chapitre 2) : la personne interrogée ayant répondu qu'elle voulait dire *Schweinereien* (cochonneries), mais qu'elle s'était retenue et s'était engagée dans une fausse direction. Là encore, la détermination de la tendance perturbatrice réussit aussi sûrement que celle de la tendance troublée. Ce n'est pas sans intention que j'ai cité ces cas dont la communication et l'analyse ne viennent ni de moi ni d'aucun de mes adeptes. Il n'en reste pas moins que dans ces deux cas, il a fallu une certaine intervention pour faciliter la solution. Il a fallu demander aux personnes pourquoi elles ont commis tel ou tel lapsus, ce qu'elles ont à dire à ce sujet. Sans cela, elles auraient peut-être passé à côté du lapsus sans se donner la peine de l'expliquer. Interrogées, elles l'ont expliqué par la première idée qui leur était venue à l'esprit. Vous voyez, cette petite intervention et son résultat, c'est déjà de la psychanalyse, c'est le modèle en petit de la recherche psychanalytique que nous instituerons dans la suite.

Suis-je trop méfiant, en soupçonnant qu'au moment même où la psychanalyse surgit devant vous votre résistance à son égard s'affermit également ? N'auriez-vous pas envie de m'objecter que les renseignements fournis par les personnes ayant commis des lapsus ne sont pas tout à fait probants ? Les personnes, pensez-vous, sont naturellement portées à suivre l'invitation qu'on leur adresse d'expliquer le lapsus et disent la première chose qui leur passe par la tête, si elle leur semble propre à fournir l'explication cherchée. Tout cela ne prouve pas, à votre avis, que le lapsus ait réellement le sens qu'on lui attribue. Il peut l'avoir, mais il peut aussi en avoir un autre. Une autre idée, tout aussi apte, sinon plus apte à servir d'explication, aurait pu venir à l'esprit de la personne interrogée.

Je trouve vraiment étonnant le peu de respect que vous avez au fond pour les faits psychiques. Imaginez-vous que quelqu'un ayant entrepris l'analyse chimique d'une certaine substance en ait retiré un poids déterminé, tant de milligrammes par exemple, d'un de ses éléments constitutifs. Des conclusions définies peuvent être déduites de ce poids déterminé. Croyez-vous qu'il se trouvera un chimiste pour contester ces conclusions, sous le prétexte que la substance isolée aurait pu avoir un autre poids ? Chacun s'incline devant le fait que c'est le poids trouvé qui constitue le poids réel et on base sur ce fait, sans hésiter, les conclusions ultérieures. Or, lorsqu'on se trouve en présence du fait psychique constitué par une idée déterminée venue à l'esprit d'une personne interrogée, on n'applique plus la même règle et on dit que la personne aurait pu avoir une autre idée ! Vous avez l'illusion d'une liberté physique et vous ne voudriez pas y renoncer ! Je regrette de ne pas pouvoir partager votre opinion sur ce sujet.

Il se peut que vous cédiez sur ce point, mais pour renouveler votre résistance sur un autre. Vous continuerez en disant : « nous comprenons que la technique spéciale de la psychanalyse consiste à obtenir de la bouche même du sujet analysé la solution des problèmes dont elle s'occupe ». Or, reprenons cet autre exemple où l'orateur de banquet invite l'assemblée à « roter » à *(aufstossen)* la prospérité du chef. Vous dites que dans ce cas l'intention perturbatrice est une intention injurieuse qui vient s'opposer à l'intention respectueuse. Mais ce n'est là que votre interprétation personnelle, fondée sur des observations extérieures au lapsus. Interrogez donc l'auteur de celui-ci : jamais il n'avouera une intention injurieuse ; il la niera plutôt, et avec la dernière énergie. Pourquoi n'abandonneriez-vous pas votre interprétation indémontrable, en présence de cette irréfutable protestation ?

Vous avez trouvé cette fois un argument qui porte. Je me représente l'orateur inconnu ; il est probablement assistant du chef honoré, peut-être déjà *privat-docent* ; je le vois sous les traits d'un jeune homme dont l'avenir est plein de promesses. Je vais lui demander avec insistance s'il n'a pas éprouvé quelque résistance à l'expression de sentiments respectueux à l'égard de son chef. Mais me voilà bien reçu. Il devient impatient et s'emporte violemment :

« Je vous prie de cesser vos interrogations ; sinon, je me fâche. Vous êtes capable par vos soupçons de gâter toute ma carrière. J'ai dit tout simplement *aufstosseri* (roter), au lieu de *anstossen* (trinquer), parce que j'avais déjà, dans la même phrase, employé à deux reprises la préposition *auf*. C'est ce que Meringer appelle *Nach-Klang*, et il n'y a pas à chercher d'autre interprétation. M'avez-vous compris ? Que cela vous suffise ! » Hum ! La réaction est bien violente, la dénégation par trop énergique. Je vois qu'il n'y a rien à tirer du jeune homme, mais je pense aussi qu'il est personnellement fort intéressé à ce qu'on ne trouve aucun sens à son acte manqué. Vous penserez peut-être qu'il a tort de se montrer aussi grossier à propos d'une recherche purement théorique, mais enfin, ajouterez-vous, il doit bien savoir ce qu'il voulait ou ne voulait pas dire.

Vraiment ? C'est ce qu'il faudrait encore savoir.

Cette fois, vous croyez me tenir. Voilà donc votre technique, vous entends-je dire. Lorsqu'une personne ayant commis un lapsus dit à ce propos quelque chose qui vous convient, vous déclarez qu'elle est la suprême et décisive autorité : « Il le dit bien lui-même ! » Mais si ce que dit la personne interrogée ne vous convient pas, vous prétendez aussitôt que son explication n'a aucune valeur, qu'il n'y a pas à y ajouter foi.

Ceci est dans l'ordre des choses. Mais je puis vous présenter un cas analogue où les choses se passent d'une façon tout aussi extraordinaire. Lorsqu'un prévenu avoue son délit, le juge croit à son aveu ; mais lorsqu'il le nie, le juge ne le croit pas. S'il en était autrement, l'administration de la justice ne serait pas possible et, malgré des erreurs éventuelles, on est bien obligé d'accepter ce système.

Mais êtes-vous juges, et celui qui a commis un lapsus apparaîtrait-il devant vous en prévenu ? Le lapsus serait-il un délit ?

Peut-être ne devons-nous pas repousser cette comparaison. Mais voyez les profondes différences qui se révèlent dès qu'on approfondit tant soit peu les problèmes en apparence si anodins que soulèvent les actes manqués. Différences que nous ne savons encore supprimer. Je vous propose un compromis provisoire fondé précisément sur cette comparaison entre la psychanalyse et une introduction judiciaire. Vous devez m'accorder que le sens d'un acte manqué n'admet pas le moindre doute lorsqu'il est donné par l'analysé lui-même. Je vous accorderai, en revanche, que la preuve directe du sens soupçonné est impossible à obtenir lorsque l'analysé refuse tout renseignement ou lorsqu'il n'est pas là pour nous renseigner. Nous en sommes alors réduits, comme dans le cas d'une enquête judiciaire, à nous contenter d'indices qui rendront notre décision plus ou moins vraisemblable, selon les circonstances. Pour des raisons pratiques, le tribunal doit déclarer un prévenu coupable, alors même qu'il ne possède que des preuves présumées. Cette nécessité n'existe pas pour nous ; mais nous ne devons pas non plus renoncer à l'utilisation de pareils indices. Ce serait une erreur de croire qu'une science ne se compose que de thèses rigoureusement démontrées, et on aurait tort de l'exiger. Une pareille exigence est le fait de tempéraments ayant besoin d'autorité, cherchant à remplacer le catéchisme religieux par un autre, fût-il scientifique. Le catéchisme de la science ne renferme que peu de propositions apodictiques ; la plupart de ses affirmations présente seulement certains degrés de probabilité. C'est précisément le propre de l'esprit scientifique de savoir et de pouvoir continuer le travail constructif, malgré le manque de preuves dernières.

Mais, dans les cas où nous ne tenons pas de la bouche même de l'analysé des renseignements sur le sens de l'acte manqué, où trouvons-nous des points d'appui pour nos interprétations et des indices pour notre démonstration ? Ces points d'appui et ces indices nous viennent de plusieurs sources. Ils nous sont fournis d'abord par la comparaison analogique avec des phénomènes ne se rattachant pas à des actes manqués, comme lorsque nous constatons, par exemple, que la déformation d'un nom, en tant qu'acte manqué, a le même sens injurieux que celui qu'aurait une déformation intentionnelle. Mais point d'appui et indices nous sont encore fournis par la situation psychique dans laquelle se produit l'acte manqué, par la connaissance que nous avons du caractère de la personne qui accomplit cet acte, par les impressions que cette personne pouvait avoir avant l'acte et contre lesquelles elle réagit peut-être par celui-ci. Les choses se passent généralement de telle sorte que nous formulons d'abord une interprétation de l'acte manqué d'après des principes généraux. Ce que nous obtenons ainsi n'est qu'une présomption, un projet d'interprétation dont nous cherchons la confirmation dans l'examen de la situation psychique. Quelquefois nous sommes obligés, pour obtenir la confirmation de notre présomption, d'attendre certains événements qui nous sont comme annoncés par l'acte manqué.

Il ne me sera pas facile de vous donner les preuves de ce que j'avance tant que je resterai confiné dans le domaine de lapsus, bien qu'on puisse également trouver ici quelques bons exemples. Le jeune homme qui, désirant accompagner une dame, s'offre de la *begleitdigen* (association des mots *begleiten,* accompagner, et *beleidigen,* manquer de respect) est certainement un timide ; la dame dont le mari doit manger et boire ce *qu'elle veut* est certainement une de ces femmes énergiques (et je la connais comme telle) qui savent commander dans leur maison. Ou prenons encore le cas suivant : lors d'une réunion générale de l'association « Concordia », un jeune membre prononce un violent discours d'opposition au cours duquel il interpelle la direction de l'association, en s'adressant aux membres du « comité des prêts » (*Vorschuss*), au lieu de dire membres du « conseil de direction » (Vorstand) ou du « comité » (Ausschuss). Il a donc formé son mot *Vorschuss*, en combinant, sans s'en rendre compte, les mots *VORstand* et AUS-*schuss*. On peut présumer que son opposition s'était heurtée à une tendance perturbatrice en rapport possible avec une affaire de prêt. Et nous avons appris en effet que notre orateur avait des besoins d'argent constants et qu'il venait de faire une nouvelle demande de prêt. On peut donc voir la cause de l'intention perturbatrice dans l'idée suivante : tu ferais bien d'être modéré dans ton opposition, car tu t'adresses à des gens pouvant t'accorder ou te refuser le prêt que tu demandes.

Je pourrai vous produire un nombreux choix de ces preuves-indices lorsque j'aurai abordé le vaste domaine des autres actes manqués.

Lorsque quelqu'un oublie ou, malgré tous ses efforts, ne retient que difficilement un nom qui lui est cependant familier, nous sommes en droit de supposer qu'il éprouve quelque ressentiment à l'égard du porteur de ce nom, ce qui fait qu'il ne pense pas volontiers à lui. Réfléchissez aux révélations qui suivent concernant la situation psychique dans laquelle s'est produit un de ces actes manqués.

« M. Y... aimait sans réciprocité une dame, laquelle avait fini par épouser M. X... Bien que M. Y.... connaisse M. X... depuis longtemps et se trouve même avec lui en relations d'affaires, il oublie constamment son nom, en sorte qu'il se trouve obligé de le demander à d'autres personnes toutes les fois qu'il doit lui écrire [1]. »

Il est évident que M. Y... ne veut rien savoir de son heureux rival « nicht gedacht soll seiner werden [2] ! »

Ou encore : une dame demande à son médecin des nouvelles d'une autre dame qu'ils connaissent tous deux, mais en la désignant par son nom de jeune fille. Quant au nom qu'elle porte depuis son mariage, elle l'a complètement oublié. Interrogée à ce sujet, elle déclare qu'elle est très mécontente du mariage de son amie et ne peut pas souffrir le mari de celle-ci [3].

Nous aurons encore beaucoup d'autres choses à dire sur l'oubli de noms. Ce qui nous intéresse principalement ici, c'est la situation psychique dans laquelle cet oubli se produit.

L'oubli de projets peut être rattaché, d'une façon générale, à l'action d'un courant contraire qui s'oppose à leur réalisation. Ce n'est pas seulement là l'opinion des psychanalystes, c'est aussi celle de tout le monde, c'est l'opinion que chacun professe dans la vie courante, mais nie en théorie. Le tuteur, qui s'excuse devant son pupille d'avoir oublié sa demande, ne se trouve pas absous aux yeux de celui-ci, qui pense aussitôt : il n'y a rien de vrai dans ce que dit mon tuteur, il ne veut tout simplement pas tenir la promesse qu'il m'avait faite. C'est pourquoi l'oubli est interdit dans certaines circonstances de la vie, et la différence entre la conception populaire et la conception psychanalytique des actes manqués se trouve supprimée. Figurez-vous une maîtresse de maison recevant son invité par ses mots : « Comment ! C'est donc aujourd'hui que vous deviez venir ? J'avais totalement oublié que je vous ai invité pour aujourd'hui. » Ou encore figurez-vous le cas du jeune homme obligé d'avouer à la jeune fille qu'il aimait qu'il avait oublié de se trouver au dernier rendez-vous : plutôt que de faire cet aveu, il inventera les obstacles les plus invraisemblables, lesquels, après l'avoir empêché d'être exact au rendez-vous, l'auraient mis dans l'impossibilité de donner de ses nouvelles. Dans la vie militaire, l'excuse d'avoir oublié quelque chose n'est pas prise en considération et ne prémunit pas contre une punition : c'est un fait que nous connaissons tous et que nous trouvons pleinement justifié, parce que nous reconnaissons que dans les conditions de la vie militaire certains actes manqués ont un sens et que dans la plupart des cas nous savons quel est ce sens. Pourquoi n'est-on pas assez logique pour étendre la même manière de voir aux autres actes manqués, pour s'en réclamer franchement et sans restrictions ? Il y a naturellement à cela aussi une réponse.

Si le sens que présente l'oubli de projets n'est pas douteux, même pour les profanes, vous serez d'autant moins surpris de constater que les poètes utilisent cet acte manqué dans la même intention. Ceux d'entre vous qui ont vu jouer ou ont lu César et Cléopâtre, de B. Shaw, se rappellent sans doute la dernière scène où César, sur le point de partir, est obsédé par l'idée d'un projet qu'il avait conçu, mais dont il ne pouvait plus se souvenir. Nous apprenons finalement que ce projet consistait à faire ses adieux à Cléopâtre. Par ce petit artifice, le poète veut attribuer au grand César une supériorité qu'il ne possédait pas et à laquelle il ne prétendait pas. Vous savez d'après les sources historiques que César avait fait venir Cléopâtre à Rome et qu'elle y demeurait avec son petit Césarion jusqu'à l'assassinat de César, à la suite duquel elle avait fui la ville.

Les cas d'oublis de projets sont en général tellement clairs que nous ne pouvons guère les utiliser en vue du but que nous poursuivons et qui consiste à déduire de la situation psychique des indices relatifs an sens de l'acte manqué. Aussi nous adresserons-nous à un acte qui manque particulièrement de clarté et n'est rien moins qu'univoque : la perte d'objets et l'impossibilité de retrouver des objets rangés. Que notre intention joue un certain rôle dans la perte d'objets, accident que nous ressentons souvent si douloureusement, c'est ce qui vous paraîtra invraisemblable. Mais il existe de nombreuses observations dans le genre de celle-ci : un jeune homme perd un crayon auquel il tenait beaucoup ; or, il avait reçu la veille de son beau-frère une lettre qui se terminait par ces mots : « Je n'ai d'ailleurs ni le temps ni l'envie d'encourager ta légèreté et ta paresse [4]. » Le crayon était précisément un cadeau de ce beau-frère. Sans cette coïncidence, nous ne pourrions naturellement pas affirmer que l'intention de se débarrasser de l'objet ait joué un rôle dans la perte de celui-ci. Les cas de ce genre sont très fréquents. On perd des objets lorsqu'on s'est brouillé avec ceux qui les ont donnés et qu'on ne veut plus penser à eux. Ou encore, on perd des objets lorsqu'on n'y tient plus et qu'on veut les remplacer par d'autres, meilleurs. À la même attitude à l'égard d'un objet répond naturellement le fait de le laisser tomber, de le casser, de le briser. Est-ce un simple hasard lorsqu'un écolier perd, détruit, casse ses objets d'usage courant, tels que son sac et sa montre par exemple, juste la veille de son anniversaire ?

Celui qui s'est souvent trouvé dans le cas pénible de ne pas pouvoir retrouver un objet qu'il avait lui-même rangé ne voudra pas croire qu'une intention quelconque préside à cet accident. Et pourtant, les cas ne sont pas rares où les circonstances accompagnant un oubli de ce genre révèlent une tendance à écarter provisoirement ou d'une façon durable l'objet dont il s'agit. Je cite un de ces cas qui est peut-être le plus beau de tous ceux connus ou publiés jusqu'à ce jour :

Un homme encore jeune me raconte que des malentendus s'étaient élevés il y a quelques années dans son ménage. « Je trouvais, me disait-il, ma femme trop froide, et nous vivions côte à côte, sans tendresse, ce qui ne m'empêchait d'ailleurs pas de reconnaître ses excellentes qualités. Un jour, revenant d'une promenade, elle m'apporta un livre qu'elle avait acheté, parce qu'elle croyait qu'il m'intéresserait. Je la remerciai de son « attention » et lui promis de lire le livre que je mis de côté. Mais il arriva que j'oubliai aussitôt l'endroit où je l'avais rangé. Des mois se sont passés pendant lesquels, me souvenant à plusieurs reprises du livre disparu, j'avais essayé de découvrir sa place, sans jamais y parvenir. Six mois plus tard environ, ma mère que j'aimais beaucoup tombe malade, et ma femme quitte aussitôt la maison pour aller la soigner. L'état de la malade devient grave, ce qui fut pour ma femme l'occasion de révéler ses meilleures qualités. Un soir, je rentre à la maison enchanté de ma femme et plein de reconnaissance à son égard pour tout ce qu'elle a fait. Je m'approche de mon bureau, j'ouvre sans aucune intention définie, mais avec une assurance toute somnambulique, un certain tiroir, et la première chose qui me tombe sous les yeux est le livre égaré, resté si longtemps introuvable. »

Le motif disparu, l'objet cesse d'être introuvable.

Je pourrais multiplier à l'infini les exemples de ce genre, mais je ne le ferai pas. Dans ma *Psychologie de la vie quotidienne* (en allemand, première édition 1901) vous trouverez une abondante casuistique pour servir à l'étude des actes manqués [5]. De tous ces exemples se dégage une seule et même conclusion : les actes manqués ont un sens et indiquent les moyens de dégager ce sens d'après les circonstances qui accompagnent l'acte. Je serai aujourd'hui plus bref, car nous avons seulement l'intention de tirer de cette étude les éléments d'une préparation à la psychanalyse. Aussi ne vous parlerai-je encore que de deux groupes d'observations. Des observations relatives aux actes manqués accumulés et combinés et de celles concernant la confirmation de nos interprétations par des événements survenant ultérieurement.

Les actes manqués accumulés et combinés constituent certainement la plus belle floraison de leur espèce. S'il s'était seulement agi de montrer que les actes manqués peuvent avoir un sens, nous nous serions bornés dès le début à ne nous occuper que de ceux-là, car leur sens est tellement évident qu'il s'impose à la fois à l'intelligence la plus obtuse et à l'esprit le plus critique. L'accumulation des manifestations révèle une persévérance qu'il est difficile d'attribuer au hasard, mais qui cadre bien avec l'hypothèse d'un dessein. Enfin, le remplacement de certains actes manqués par d'autres nous montre que l'important et l'essentiel dans ceux-ci ne doit être cherché ni dans la forme, ni dans les moyens dont ils se servent, mais bien dans l'intention à laquelle ils servent eux-mêmes et qui peut être réalisée par les moyens les plus variés.

Je vais vous citer un cas d'oubli à répétition : E. Jones raconte que, pour des raisons qu'il ignore, il avait une fois laissé sur son bureau pendant quelques jours une lettre qu'il avait écrite. Un jour il se décide à l'expédier, mais elle lui est renvoyée par le « dead letter office » (service des lettres tombées au rebut), parce qu'il avait oublié d'écrire l'adresse. Ayant réparé cet oubli, il remet la lettre à la poste, mais cette fois sans avoir mis de timbre. Et c'est alors qu'il est obligé de s'avouer qu'au fond il ne tenait pas du tout à expédier la lettre en question.

Dans un autre cas, nous avons une combinaison d'une appropriation erronée d'un objet et de l'impossibilité de le retrouver. Une dame fait un voyage à Rome avec son beau-frère, peintre célèbre. Le visiteur est très fêté par les Allemands habitant Rome et reçoit, entre autres cadeaux, une médaille antique en or. La dame constate avec peine que son beau-frère ne sait pas apprécier cette belle pièce à sa valeur. Sa sœur étant venue la remplacer à Rome, elle rentre chez elle et constate, en défaisant sa malle, qu'elle avait emporté la médaille, sans savoir comment. Elle en informe aussitôt son beau-frère et lui annonce qu'elle renverrait la médaille à Rome le lendemain même. Mais le lendemain la médaille était si bien rangée qu'elle était devenue introuvable ; donc impossible de l'expédier. Et c'est alors que la dame a eu l'intuition de ce que signifiait sa distraction » : elle signifiait le désir de garder la belle pièce pour elle.

Je vous ai déjà cité plus haut un exemple de combinaison d'un oubli et d'une erreur : il s'agissait de quelqu'un qui, ayant oublié un rendez-vous une première fois et bien décidé à ne pas l'oublier la fois suivante, se présente cependant au deuxième rendez-vous à une autre heure que l'heure fixée. Un de mes amis, qui s'occupe à la fois de sciences et de littérature, m'a raconté un cas tout à fait analogue emprunté à sa vie personnelle. « J'avais accepté, il y a quelques années, me disait-il, une fonction dans le comité d'une certaine association littéraire, parce que je pensais que l'association pourrait m'aider un jour à faire jouer un de mes drames. Tous les vendredis, j'assistais, sans grand intérêt d'ailleurs, aux séances du comité. Il y a quelques mois, je reçois l'assurance que je serais joué au théâtre de F..., et à partir de ce moment *j'oublie* régulièrement de me rendre auxdites séances. Mais après avoir lu ce que vous avez écrit sur ces choses, j'eus honte de mon procédé et me dis avec reproche que ce n'était pas bien de ma part de manquer les séances dès l'instant où je n'avais plus besoin de l'aide sur laquelle j'avais compté. Je pris donc la décision de ne pas y manquer le vendredi suivant. J'y pensais tout le temps, jusqu'au jour où je me suis trouvé devant la porte de la salle des séances. Quel ne fut pas mon étonnement de la trouver close, la séance ayant déjà eu lieu la veille ! Je m'étais en effet trompé de jour et présenté un samedi. »

Il serait très tentant de réunir d'autres observations du même genre, mais je passe. Je vais plutôt vous présenter quelques cas appartenant à un autre groupe, à celui notamment où notre interprétation doit, pour trouver une confirmation, attendre les événements ultérieurs.

Il va sans dire que la condition essentielle de ces cas consiste en ce que la situation psychique actuelle nous est inconnue ou est inaccessible à nos investigations. Notre interprétation possède alors la valeur d'une simple présomption à laquelle nous n'attachons pas grande importance. Mais un fait survient plus tard qui montre que notre première interprétation était justifiée. Je fus un jour invité chez un jeune couple et, au cours de ma visite, la jeune femme m'a raconté en riant que le lendemain de son retour du voyage de noces, elle était allée voir sa sœur qui n'est pas mariée, pour l'emmener, comme jadis, faire des achats, tandis que le jeune mari était parti à ses affaires. Tout à coup, elle aperçoit de l'autre côté de la rue un monsieur et dit, un peu interloquée, à sa sœur : « Regarde, voici M. L... » Elle ne s'était pas rendu compte que ce monsieur n'était autre que son mari depuis quelques semaines. Ce récit m'avait laissé une impression pénible, mais je ne voulais pas me fier à la conclusion qu'il me semblait impliquer. Ce n'est qu'au bout de plusieurs années que cette petite histoire m'est revenue à la mémoire : j'avais en effet appris alors que le mariage de mes jeunes gens avait eu une issue désastreuse.

A. Maeder rapporte le cas d'une dame qui, la veille de son mariage, avait oublié d'aller essayer sa robe de mariée et ne s'en est souvenue, au grand désespoir de sa couturière, que tard dans la soirée. Il voit un rapport entre cet oubli et le divorce qui avait suivi de près le mariage. — Je connais une dame, aujourd'hui divorcée, à laquelle il était souvent arrivé, longtemps avant le divorce, de signer de son nom de jeune fille des documents se rapportant à l'administration de ses biens. — Je connais des cas d'autres femmes qui, au cours de leur voyage de noces, avaient perdu leur alliance, accident auquel les événements ultérieurs ont conféré une signification non équivoque. On raconte le cas d'un célèbre chimiste allemand dont le mariage n'a pu avoir lieu, parce qu'il avait oublié l'heure de la cérémonie et qu'au lieu de se rendre à l'église il s'était rendu à son laboratoire. Il a été assez avisé pour s'en tenir à cette seule tentative et mourut très vieux, célibataire.

Vous êtes sans doute tentés de penser que, dans tous ces cas, les actes manqués remplacent les *omina ou* prémonitions des anciens. Et, en effet, certains *omina* n'étaient que des actes manqués, comme lorsque quelqu'un trébuchait ou tombait. D'autres avaient toutefois les caractères d'un événement objectif, et non ceux d'un acte subjectif. Mais vous ne vous figurez pas à quel point il est parfois difficile de discerner si un événement donné appartient à l'une ou à l'autre de ces catégories. L'acte s'entend souvent à revêtir le masque d'un événement passif.

Tous ceux d'entre vous qui ont derrière eux une expérience suffisamment longue se diront peut-être qu'ils se seraient épargné beaucoup de déceptions et de douloureuses surprises s'ils avaient eu le courage et la décision d'interpréter les actes manqués qui se produisent dans les relations inter-humaines comme des signes prémonitoires, et de les utiliser comme indices d'intentions encore secrètes. Le plus souvent, on n'ose pas le faire ; on craint d'avoir l'air de retourner à la superstition, en passant par-dessus la science. Tous les présages ne se réalisent d'ailleurs pas et, quand vous connaîtrez mieux nos théories, vous comprendrez qu'il n'est pas nécessaire qu'ils se réalisent tous.

1. D'après C.-G. Jung.
2. Vers de H. Heine : « effaçons-le de notre mémoire ».
3. D'après A.-A. Brill.
4. D'après B. Dattner.
5. De même dans les collections de A. Maeder (en français), A.-A. Brill (en anglais), E. Jones (en anglais), J. Stärke (en hollandais), etc.

3

Les actes manqués ont un sens : telle est la conclusion que nous devons admettre comme se dégageant de l'analyse qui précède et poser à la base de nos recherches ultérieures. Disons-le une fois de plus : nous n'affirmons pas (et vu le but que nous poursuivons, pareille affirmation n'est pas nécessaire) que tout acte manqué soit significatif, bien que je considère la chose comme probable. Il nous suffit de constater ce sens avec une fréquence relative dans les différentes formes d'actes manqués. Il y a d'ailleurs, sous ce rapport, des différences d'une forme à l'autre. Les lapsus, les erreurs d'écriture, etc., peuvent avoir une base purement physiologique, ce qui me paraît peu probable dans les différentes variétés de cas d'oubli (oubli de noms et de projets, impossibilité de retrouver les objets préalablement rangés, etc.), tandis qu'il existe des cas de perte où aucune intention n'intervient probablement, et je crois devoir ajouter que les erreurs qui se commettent dans la vie ne peuvent être jugées d'après nos points de vue que dans une certaine mesure. Vous voudrez bien garder ces limitations présentes à l'esprit, notre point de départ devant être désormais que les actes manqués sont des actes psychiques résultant de l'interférence de deux intentions.

C'est là le premier résultat de la psychanalyse. La psychologie n'avait jamais soupçonné ces interférences ni les phénomènes qui en découlent. Nous avons considérablement agrandi l'étendue du monde psychique si nous avons conquis à la psychologie des phénomènes qui auparavant n'en faisaient pas partie.

Arrêtons-nous un instant encore à l'affirmation que les actes manqués sont des « actes psychiques ». Par cette affirmation postulons-nous seulement que les actes psychiques ont un sens, ou implique-t-elle quelque chose de plus ? Je ne pense pas qu'il y ait lieu d'élargir sa portée. Tout ce qui peut être observé dans la vie psychique sera éventuellement désigné sous le nom de phénomène psychique. Il s'agira seulement de savoir si telle manifestation psychique donnée est l'effet direct d'influences somatiques, organiques, physiques, auquel cas elle échappe à la recherche psychologique, ou si elle a pour antécédents immédiats d'autres processus psychiques au-delà desquels commence quelque part la série des influences organiques. C'est à cette dernière éventualité que nous pensons lorsque nous qualifions un phénomène de processus psychique, et c'est pourquoi il est plus rationnel de donner à notre proposition la forme suivante : le phénomène est significatif, il possède un sens, c'est-à-dire qu'il révèle une intention, une tendance et occupe une certaine place dans une série de rapports psychiques.

Il y a beaucoup d'autres phénomènes qui se rapprochent des actes manqués, mais auxquels ce nom ne convient pas. Nous les appelons *actes accidentels ou symptomatiques.* Ils ont également tous les caractères d'un acte non motivé, insignifiant, dépourvu d'importance, et surtout superflu. Mais ce qui les distingue des actes manqués proprement dits, c'est l'absence d'une intention hostile et perturbatrice venant contrarier une intention primitive. Ils se confondent, d'autre part, avec les gestes et mouvements servant à l'expression des émotions. Font partie de cette catégorie d'actes manqués toutes les manipulations, en apparence sans but, que nous faisons subir, comme en nous jouant, à nos vêtements, à telles ou telles parties de notre corps, à des objets à portée de notre main ; les mélodies que nous chantonnons appartiennent à la même catégorie d'actes, qui sont en général caractérisés par le fait que nous les suspendons, comme nous les avons commencés, sans motifs apparents. Or, je n'hésite pas à affirmer que tous ces phénomènes sont significatifs et se laissent interpréter de la même manière que les actes manqués, qu'ils constituent de petits signes révélateurs d'autres processus psychiques, plus importants, qu'ils sont des actes psychiques au sens complet du mot. Mais je n'ai pas l'intention de m'attarder à cet agrandissement du domaine des phénomènes psychiques : je préfère reprendre l'analyse des actes manqués qui posent devant nous avec toute la netteté désirable les questions les plus importantes de la psychanalyse.

Les questions les plus intéressantes que nous ayons formulées à propos des actes manqués, et auxquelles nous n'ayons pas encore fourni de réponse, sont les suivantes : nous avons dit que les actes manqués résultent de l'interférence de deux intentions différentes, dont l'une peut être qualifiée de troublée, l'autre de perturbatrice ; or, si les intentions troublées ne soulèvent aucune question, il nous importe de savoir, en ce qui concerne les intentions perturbatrices, en premier lieu quelles sont ces intentions qui s'affirment comme susceptibles d'en troubler d'autres et, en deuxième lieu, quels sont les rapports existant entre les troublées et les perturbatrices.

Permettez-moi de prendre de nouveau le lapsus pour le représentant de l'espèce entière et de répondre d'abord à la deuxième de ces questions.

Il peut y avoir entre les deux intentions un rapport de contenu, auquel cas l'intention perturbatrice contredit l'intention troublée, la rectifie ou la complète. Ou bien, et alors le cas devient plus obscur et plus intéressant, il n'y a aucun rapport entre les contenus des deux tendances.

Les cas que nous connaissons déjà et d'autres analogues nous permettent de comprendre sans peine le premier de ces rapports. Presque dans tous les cas où l'on dit le contraire de ce qu'on veut dire, l'intention perturbatrice exprime une opposition à l'égard de l'intention troublée, et l'acte manqué représente le conflit entre ces deux tendances inconciliables. « Je déclare la séance ouverte, mais j'aimerais mieux la clore », tel est le sens du lapsus commis par le président. Un journal politique, accusé de corruption, se défend dans un article qui devait se résumer dans ces mots : « Nos lecteurs nous sont témoins que nous avons toujours défendu le bien général de la façon la plus *désintéressée*. » Mais le rédacteur chargé de rédiger cette défense écrit : « de la façon la plus *intéressée* ». Ceci révèle, à mon avis, sa pensée : « Je dois écrire une chose, mais je sais pertinemment le contraire. » Un député qui se propose de déclarer qu'on doit dire à l'Empereur la vérité sans ménagements (« rückhaltlos »), perçoit tout à coup une voix intérieure qui le met en garde contre son audace et lui fait commettre un lapsus où les mots « sans ménagements » *(rückhaltlos) sont* remplacés par les mots « en courbant l'échine » (rückgratlos) [1].

Dans les cas que vous connaissez et qui laissent l'impression de contractions et d'abréviations, il s'agit de rectifications, d'adjonctions et de continuations par lesquelles une deuxième tendance se fait jour à côté de la première. « Des choses se sont produites (*zum* Von SCHEIN gekommen) ; je dirais volontiers que c'étaient des cochonneries (SCHWEINEREIEN) » ; résultat : « zuVonSCHWEIN *gekommen* ». « *Les* gens qui comprennent cela peuvent être comptés sur les doigts *d'une main* ; mais non, il n'existe, à vrai dire, qu'une *seule personne* qui comprenne ces choses ; donc, les personnes qui les comprennent peuvent être comptées sur un *seul* doigt. » Ou encore : « Mon mari peut manger et boire ce qu'il veut ; mais, vous le savez bien, je ne supporte pas qu'il veuille quelque chose ;

donc : il doit manger et boire ce que *je* veux. » Dans tous les cas, on le voit, le lapsus découle du contenu même de l'intention troublée ou s'y rattache.

L'autre genre de rapports entre les deux intentions interférentes paraît bizarre. S'il n'y a aucun lien entre leurs contenus, d'où vient l'intention perturbatrice et comment se fait-il qu'elle manifeste son action troublante en tel point précis ? L'observation, seule susceptible de fournir une réponse à cette question, permet de constater que le trouble provient d'un courant d'idées qui avait préoccupé la personne en question peu de temps auparavant et que, s'il intervient dans le discours de cette manière particulière, il aurait pu aussi (ce qui n'est pas nécessaire) y trouver une expression différente. Il s'agit d'un véritable écho, mais qui n'est pas toujours et nécessairement produit par des mots prononcés. Ici encore il existe un lien associatif entre l'élément troublé et l'élément perturbateur, mais ce lien, au lieu de résider dans le contenu, est purement artificiel et sa formation résulte d'associations forcées.

En voici un exemple très simple, que j'ai observé moi-même. Je rencontre un jour dans nos belles Dolomites deux dames viennoises, vêtues en touristes. Nous faisons pendant quelque temps route ensemble, et nous parlons des plaisirs et des inconvénients de la vie de touriste. Une des dames reconnaît que la journée du touriste n'est pas exempte de désagréments... « Il est vrai, dit-elle, qu'il n'est pas du tout agréable, lorsqu'on a marché toute une journée au soleil et qu'on a la blouse et la chemise trempées de sueur... » À ces derniers mots, elle a une petite hésitation. Puis elle reprend : « Mais lorsqu'on rentre ensuite *nach Hose* ² (au lieu de *nach Hause,* chez soi) et qu'on peut enfin se changer... » Nous n'avons pas encore analysé ce lapsus, mais je ne pense pas que cela soit nécessaire. Dans sa première phrase, la dame avait l'intention de faire une énumération plus complète : blouse, chemise, pantalon *(Hose).* Pour des raisons de convenance, elle s'abstient de mentionner ce dernier sous-vêtement, mais dans la phrase suivante, tout à fait indépendante par son contenu de la première, le mot *Hose,* qui n'a pas été prononcé au moment voulu, apparaît à titre de déformation du mot *Hause.*

Nous pouvons maintenant aborder la principale question dont nous avons longtemps ajourné l'examen, à savoir : quelles sont ces intentions qui, se manifestant d'une façon si extraordinaire, viennent en troubler d'autres ? Il s'agit évidemment d'intentions très différentes, mais dont nous voulons dégager les caractères communs. Si nous examinons sous ce rapport une série d'exemples, ceux-ci se laissent aussitôt ranger en trois groupes. Font partie du premier groupe les cas où la tendance perturbatrice est connue de celui qui parle et s'est en outre révélée à lui avant le lapsus. Le deuxième groupe comprend les cas où la personne qui parle, tout en reconnaissant dans la tendance perturbatrice une tendance lui appartenant, ne sait pas que cette tendance était déjà active en elle avant le lapsus. Elle accepte donc notre interprétation de celui-ci, mais ne peut pas ne pas s'en montrer étonnée. Des exemples de cette attitude nous sont peut-être fournis plus facilement par des actes manqués autres que les lapsus. Le troisième groupe comprend des cas où la personne intéressée proteste avec énergie contre l'interprétation qu'on lui suggère : non contente de nier l'existence de l'intention perturbatrice avant le lapsus, elle affirme que cette intention lui est tout à fait étrangère. Rappelez-vous le toast du jeune assistant qui propose de « roter » à la prospérité du chef, ainsi que la réponse dépourvue d'aménité que je m'étais attirée lorsque j'ai mis sous les yeux de l'auteur de ce toast l'intention perturbatrice. Vous savez que nous n'avons pas encore réussi à nous mettre d'accord quant à la manière de concevoir ces cas. En ce qui me concerne, la protestation de l'assistant, auteur du toast, ne me trouble en aucune façon et ne m'empêche pas de maintenir mon interprétation, ce qui n'est peut-être pas votre cas : impressionnés par sa dénégation, vous vous demandez sans doute si nous ne ferions pas bien de renoncer à chercher l'interprétation de cas de ce genre et de les considérer comme des actes purement physiologiques, au sens pré-psychanalytique du mot. Je me doute un peu de la cause de votre attitude. Mon interprétation implique que la personne qui parle peut manifester des intentions qu'elle ignore elle-même, mais que je suis à même de dégager d'après certains indices. Et vous hésitez à accepter cette supposition si singulière et grosse de conséquences. Et, pourtant, si vous voulez rester logiques dans votre conception des actes manqués, fondée sur tant d'exemples, vous ne devez pas hésiter à accepter cette dernière supposition, quelque déconcertante qu'elle vous paraisse. Si cela vous est impossible, il ne vous reste qu'à renoncer à la compréhension si péniblement acquise des actes manqués.

Arrêtons-nous un instant à ce qui unit les trois groupes que nous venons d'établir, à ce qui est commun aux trois mécanismes de lapsus. À ce propos, nous nous trouvons heureusement en présence d'un fait qui, lui, est au-dessus de toute contestation. Dans les deux premiers groupes, la tendance perturbatrice est reconnue par la personne même qui parle ; en outre, dans le premier de ces groupes, la tendance perturbatrice se révèle immédiatement avant le lapsus. Mais, aussi bien dans le premier groupe que dans le second, *la tendance en question se trouve refoulée. Comme la personne qui parle s'est décidée à ne pas la faire apparaître dans le discours, elle commet un lapsus, c'est-à-dire que la tendance refoulée se manifeste malgré la personne, soit en modifiant l'intention avouée, soit en se confondant avec elle, soit enfin, en prenant tout simplement sa place*. Tel est donc le mécanisme du lapsus.

Mon point de vue me permet d'expliquer par le même mécanisme les cas du troisième groupe. Je n'ai qu'à admettre que la seule différence qui existe entre mes trois groupes consiste dans le degré de refoulement de l'intention perturbatrice. Dans le premier groupe, cette intention existe et est aperçue de la personne qui parle, avant sa manifestation ; c'est alors que se produit le refoulement dont l'intention se venge par le lapsus. Dans le deuxième groupe, le refoulement est plus accentué et l'intention n'est pas aperçue avant le commencement du discours. Ce qui est étonnant, c'est que ce refoulement, assez profond, n'empêche pas l'intention de prendre part à la production du lapsus. Cette situation nous facilite singulièrement l'explication de ce qui se passe dans le troisième groupe. J'irai même jusqu'à admettre qu'on peut saisir dans l'acte manqué la manifestation d'une tendance, refoulée depuis longtemps, depuis très longtemps même, de sorte que la personne qui parle ne s'en rend nullement compte et est bien sincère lorsqu'elle en nie l'existence. Mais même en laissant de côté le problème relatif au troisième groupe, vous ne pouvez pas ne pas adhérer à la conclusion qui découle de l'observation d'autres cas, à savoir que le *refoulement d'une intention de dire quelque chose constitue la condition indispensable d'un lapsus.*

Nous pouvons dire maintenant que nous avons réalisé de nouveaux progrès quant à la compréhension des actes manqués. Nous savons non seulement que ces actes sont des actes psychiques ayant un sens et marqués d'une intention, qu'ils résultent de l'interférence de deux intentions différentes, mais aussi qu'une de ces intentions doit, avant le discours, avoir subi un certain refoulement pour pouvoir se manifester par la perturbation de l'autre. Elle doit être troublée elle-même, avant de pouvoir devenir perturbatrice. Il va sans dire qu'avec cela nous n'acquérons pas encore une explication complète des phénomènes que nous appelons actes manqués. Nous voyons aussitôt surgir d'autres questions, et nous pressentons en général que plus nous avancerons dans notre étude, plus les occasions de poser de nouvelles questions seront nombreuses. Nous pouvons demander, par exemple, pourquoi les choses ne se passent pas beaucoup plus simplement. Lorsque quelqu'un a l'intention de refouler une certaine tendance, au lieu de la laisser s'exprimer, on devrait se trouver en présence de l'un des deux cas suivants : ou le refoulement est obtenu, et alors rien ne doit apparaître de la tendance perturbatrice ; ou bien le refoulement n'est pas obtenu, et alors la tendance en question doit s'exprimer franchement et complètement. Mais les actes manqués résultent de compromis ; ils signifient que le refoulement est à moitié manqué et à moitié réussi, que l'intention menacée, si elle n'est pas complètement supprimée, est suffisamment refoulée pour ne pas pouvoir se manifester, abstraction faite de certains cas isolés, telle quelle, sans modifications. Nous sommes en droit de supposer que la production de ces effets d'interférence ou de compromis exige certaines conditions particulières, mais nous n'avons pas la moindre idée de la nature de ces conditions. Je ne crois pas que même une étude plus approfondie des actes manqués nous aide à découvrir ces conditions inconnues. Pour arriver à ce résultat, il nous faudra plutôt explorer au préalable d'autres régions obscures de la vie psychique ; seules les analogies que nous y trouverons nous donneront le courage de formuler les hypothèses susceptibles de nous conduire à une explication plus complète des actes manqués. Mais il y a autre chose : alors même qu'on travaille sur de petits indices, comme nous le faisons ici, on s'expose à certains dangers. Il existe une maladie psychique, appelée *Paranoïa combinatoire,* dans laquelle les petits indices sont utilisés d'une façon illimitée, et je n'affirmerais pas que toutes les conclusions qui en sont déduites soient exactes. Nous ne pouvons nous préserver contre ces dangers qu'en donnant à nos observations une base aussi large que possible, grâce à la répétition des mêmes impressions, quelle que soit la sphère de la vie psychique que nous explorons.

Nous allons donc abandonner ici l'analyse des actes manqués. Je vais seulement vous recommander ceci : gardez dans votre mémoire, à titre de modèle, la manière dont nous avons traité ces phénomènes. D'après cette manière, vous pouvez juger d'ores et déjà quelles sont les intentions de notre psychologie. Nous ne voulons pas seulement décrire et classer les phénomènes, nous voulons aussi les concevoir comme étant des indices d'un jeu de forces s'accomplissant dans l'âme, comme la manifestation de tendances ayant un but défini et travaillant soit dans la même direction, soit dans des directions opposées. Nous cherchons à nous former une *conception dynamique* des phénomènes psychiques. Dans notre conception, les phénomènes perçus doivent s'effacer devant les tendances seulement admises.

Nous n'irons pas plus avant dans l'étude des actes manqués ; mais nous pouvons encore faire dans ce domaine une incursion au cours de laquelle nous retrouverons des choses connues et en découvrirons quelques nouvelles. Pour ce faire, nous nous en tiendrons à la division en trois groupes que nous avons établie au début de nos recherches : a) le lapsus, avec ses subdivisions en erreurs d'écriture, de lecture, fausse audition ; b) l'oubli, avec ses subdivisions correspondant à l'objet oublié (noms propres, mots étrangers, projets, impressions) ; c) la méprise, la perte, l'impossibilité de retrouver un objet rangé. Les erreurs ne nous intéressent qu'en tant qu'elles se rattachent à l'oubli, à la méprise, etc.

Nous avons déjà beaucoup parlé du lapsus ; et, pourtant, nous avons encore quelque chose à ajouter à son sujet. Au lapsus se rattachent de petits phénomènes affectifs qui ne sont pas dépourvus d'intérêt. On ne reconnaît pas volontiers qu'on a commis un lapsus ; il arrive souvent qu'on n'entende pas son propre lapsus, alors qu'on entend toujours celui d'autrui. Le lapsus est aussi, dans une certaine mesure, contagieux ; il n'est pas facile de parler de lapsus, sans en commettre un soi-même. Les lapsus les plus insignifiants, ceux qui ne nous apprennent rien de particulier sur des processus psychiques cachés, ont cependant des raisons qu'il n'est pas difficile se saisir. Lorsque, par suite d'un trouble quelconque, survenu au moment de la prononciation d'un mot donné, quelqu'un émet brièvement une voyelle longue, il ne manque pas d'allonger la voyelle brève qui vient immédiatement après, commettant ainsi un nouveau lapsus destiné à compenser le premier. Il en est de même, lorsque quelqu'un prononce improprement ou négligemment une voyelle double ; il cherche à se corriger en prononçant la voyelle double suivante de façon à rappeler la prononciation exacte de la première : on dirait que la personne qui parle tient à montrer à son auditeur qu'elle connaît sa langue maternelle et ne se désintéresse pas de la prononciation correcte. La deuxième déformation, qu'on peut appeler compensatrice, a précisément pour but d'attirer l'attention de l'auditeur sur la première et de lui montrer qu'on s'en est aperçu soi-même. Les lapsus les plus simples, les plus fréquents et les plus insignifiants consistent en contractions et anticipations qui se manifestent dans des parties peu apparentes du discours. Dans une phrase un peu longue, par exemple, on commet le lapsus consistant à prononcer par anticipation le dernier mot de ce qu'on veut dire. Ceci donne l'impression d'une certaine impatience d'en finir avec la phrase, on atteste en général une certaine répugnance à communiquer cette phrase ou tout simplement à parler. Nous arrivons ainsi aux cas limites où les différences entre la conception psychanalytique du lapsus et sa conception physiologique ordinaire s'effacent. Nous prétendons qu'il existe dans ces cas une tendance qui trouble l'intention devant s'exprimer dans le discours ; mais cette tendance nous annonce seulement son existence, et non le but qu'elle poursuit elle-même. Le trouble qu'elle provoque suit certaines influences tonales ou affinités associatives et peut être conçu comme servant à détourner l'attention de ce qu'on veut dire. Mais ni ce trouble de l'attention, ni ces affinités associatives ne suffisent à caractériser la nature même du processus. L'un et l'autre n'en témoignent pas moins de l'existence d'une intention perturbatrice, sans que nous puissions nous former une idée de sa nature d'après ses effets, comme nous le pouvons dans les cas plus accentués.

Les erreurs d'écriture que j'aborde maintenant ressemblent tellement au lapsus de la parole qu'elles ne peuvent nous fournir aucun nouveau point de vue. Essayons tout de même de glaner un peu dans ce domaine. Les fautes, les contractions, le tracé anticipé de mots devant venir plus tard, et surtout de mots devant venir en dernier lieu, tous ces accidents attestent manifestement qu'on n'a pas grande envie d'écrire et qu'on est impatient d'en finir ; des effets plus prononcés des erreurs d'écriture laissent reconnaître la nature et l'intention de la tendance perturbatrice. On sait en général, lorsqu'on trouve un *lapsus calami* dans une lettre, que la personne qui a écrit n'était pas tout à fait dans son état normal ; mais on ne peut pas toujours établir ce qui lui est arrivé. Les erreurs d'écriture sont aussi rarement remarquées par leurs auteurs que les lapsus de la parole. Nous signalons l'intéressante observation suivante : il y a des gens qui ont l'habitude de relire, avant de les expédier, les lettres qu'ils ont écrites. D'autres n'ont pas cette habitude, mais lorsqu'ils le font une fois par hasard, ils ont toujours l'occasion de trouver et de corriger une erreur frappante. Comment expliquer ce fait ? On dirait que ces gens savent cependant qu'ils ont commis un lapsus en écrivant. Devons-nous l'admettre réellement ?

À l'importance pratique des *lapsus calami* se rattache un intéressant problème. Vous vous rappelez sans doute le cas de l'assassin H... qui, se faisant passer pour un bactériologiste, savait se procurer dans les instituts scientifiques des cultures de microbes pathogènes excessivement dangereux et utilisait ces cultures pour supprimer par cette méthode ultra-moderne des personnes qui lui tenaient de près. Un jour cet homme adressa à la direction d'un de ces instituts une lettre dans laquelle il se plaignait de l'inefficacité des cultures qui lui ont été envoyées, mais il commit une erreur en écrivant, de sorte qu'à la place des mots « dans mes essais sur des souris ou des cobayes », on pouvait lire distinctement : « dans mes essais sur des hommes ». Cette erreur frappa d'ailleurs les médecins de l'Institut en question qui, autant que je sache, n'en ont tiré aucune conclusion. Croyez-vous que les médecins n'auraient pas été bien inspirés s'ils avaient pris cette erreur pour un aveu et provoqué une enquête qui aurait coupé court à temps aux exploits de cet assassin ? Ne trouvez-vous pas que dans ce cas l'ignorance de notre conception des actes manqués a été la cause d'un retard infiniment regrettable ? En ce qui me concerne, cette erreur m'aurait certainement paru très suspecte ; mais à son utilisation à titre d'aveu s'opposent des obstacles très graves. La chose n'est pas aussi simple qu'elle le paraît. Le lapsus d'écriture constitue un indice incontestable, mais à lui seul il ne suffit pas à justifier l'ouverture d'une instruction. Certes, le lapsus d'écriture atteste que l'homme est préoccupé par l'idée d'infecter ses semblables, mais il ne nous permet pas de décider s'il s'agit là d'un projet malfaisant bien arrêté ou d'une fantaisie sans aucune portée pratique. Il est même possible que l'homme qui a commis ce lapsus d'écriture trouve les meilleurs arguments subjectifs pour nier cette fantaisie et pour l'écarter comme lui étant tout à fait étrangère. Vous comprendrez mieux plus tard les possibilités de ce genre, lorsque nous aurons à envisager la différence qui existe entre la réalité psychique et la réalité matérielle. N'empêche qu'il s'agit là d'un cas où un acte manqué avait acquis ultérieurement une importance insoupçonnée.

Dans les erreurs de lecture, nous nous trouvons en présence d'une situation psychique qui diffère nettement de celle des lapsus de la parole et de l'écriture. L'une des deux tendances concurrentes est ici remplacée par une excitation sensorielle, ce qui la rend peut-être moins résistante. Ce que nous avons à lire n'est pas une émanation de notre vie psychique, comme les choses que nous nous proposons d'écrire. C'est pourquoi les erreurs de lecture consistent en la plupart des cas dans une substitution complète. Le mot à lire est remplacé par un autre, sans qu'il existe nécessairement un rapport de contenu entre le texte et l'effet de l'erreur, la substitution se faisant généralement en vertu d'une simple ressemblance entre les deux mots. L'exemple de Lichtenberg : *Agamemnon,* au lieu de *angenommen,* — est le meilleur de ce groupe. Si l'on veut découvrir la tendance perturbatrice, cause de l'erreur, on doit laisser tout à fait de côté le texte mal lu et commencer l'examen analytique en posant ces deux questions : quelle est la première idée qui vient à l'esprit et qui se rapproche le plus de l'erreur commise, et dans quelle situation l'erreur a-t-elle été commise ? Parfois la connaissance de la situation suffit à elle seule à expliquer l'erreur. Exemple : quelqu'un éprouvant un certain besoin naturel erre dans une ville étrangère et aperçoit à la hauteur du premier étage d'une maison une grande enseigne portant l'inscription : « CLOSE*Thaus* (W.C.). » Il a le temps de s'étonner que l'enseigne soit placée si haut, avant de s'apercevoir que c'est « CORSET*haus*

(Maison de Corsets) » qu'il faut lire. Dans d'autres cas, l'erreur, précisément parce qu'elle est indépendante du contenu du texte, exige une analyse approfondie qui ne réussit que si l'on est exercé dans la technique psychanalytique et si l'on a confiance en elle. Mais le plus souvent il est beaucoup plus facile d'obtenir l'explication d'une erreur de lecture. Comme dans l'exemple Lichtenberg (Agamemnon au lieu de *angenommen*), le mot substitué révèle sans difficulté le courant d'idées qui constitue la source du trouble. En temps de guerre, par exemple, il arrive souvent qu'on lise les noms de villes, de chefs militaires et des expressions militaires, qu'on entend de tous côtés, chaque fois qu'on se trouve en présence de mots ayant une certaine ressemblance avec ces mots et expressions. Ce qui nous intéresse et nous préoccupe vient prendre la place de ce qui nous est étranger et ne nous intéresse pas encore. Les reflets de nos idées troublent nos perceptions nouvelles.

Les erreurs de lecture nous offrent aussi pas mal de cas où c'est le texte même de ce qu'on lit qui éveille la tendance perturbatrice, laquelle le transforme alors le plus souvent en son contraire. On se trouve en présence d'une lecture indésirable et, grâce à l'analyse, on se rend compte que c'est le désir intense d'éviter une certaine lecture qui est responsable de sa déformation.

Dans les erreurs de lecture les plus fréquentes, que nous avons mentionnées en premier lieu, les deux facteurs auxquels nous avons attribué un rôle important dans les actes manqués ne jouent qu'un rôle très secondaire : nous voulons parler du conflit de deux tendances et du refoulement de l'une d'elles, lequel refoulement réagit précisément par l'effet de l'acte manqué. Ce n'est pas que les erreurs de lecture présentent des caractères en opposition avec ces facteurs, mais l'empiétement du courant d'idées qui aboutit à l'erreur de lecture est beaucoup plus fort que le refoulement que ce courant avait subi précédemment. C'est dans les diverses modalités de l'acte manqué provoqué par l'oubli que ces deux facteurs ressortent avec le plus de netteté.

L'oubli de projets est un phénomène dont l'interprétation ne souffre aucune difficulté et, ainsi que nous l'avons vu, n'est pas contestée même par les profanes. La tendance qui trouble un projet consiste toujours dans une intention contraire, dans un non-vouloir dont il nous reste seulement à savoir pourquoi il ne s'exprime pas autrement et d'une manière moins dissimulée. Mais l'existence de ce contre-vouloir est incontestable. On réussit bien quelquefois à apprendre quelque chose sur les raisons qui obligent à dissimuler ce contre-vouloir : c'est qu'en se dissimulant il atteint toujours son but qu'il réalise dans l'acte manqué, alors qu'il serait sûr d'être écarté s'il se présentait comme une contradiction franche. Lorsqu'il se produit, dans l'intervalle qui sépare la conception d'un projet de son exécution, un changement important de la situation psychique, changement incompatible avec l'exécution de ce projet, l'oubli de celui-ci ne peut plus être taxé d'acte manqué. Cet oubli n'étonne plus, car on se rend bien compte que l'exécution du projet serait superflue dans la situation psychique nouvelle.

L'oubli d'un projet ne peut être considéré comme un acte manqué que dans le cas où nous ne croyons pas à un changement de cette situation.

Les cas d'oubli de projets sont en général tellement uniformes et évidents qu'ils ne présentent aucun intérêt pour notre recherche. Sur deux points cependant l'étude de cet acte manqué est susceptible de nous apprendre quelque chose de nouveau. Nous avons dit que l'oubli, donc la non-exécution d'un projet, témoigne d'un contre-vouloir hostile à celui-ci. Ceci reste vrai, mais, d'après nos recherches, le contre-vouloir peut être direct ou indirect. Pour montrer ce que nous entendons par contre-vouloir indirect, nous ne saurions mieux faire que de citer un exemple ou deux. Lorsque le tuteur oublie de recommander son pupille auprès d'une tierce personne, son oubli peut tenir à ce que ne s'intéressant pas outre mesure à son pupille, il n'éprouve pas grande envie de faire la recommandation nécessaire. C'est du moins ainsi que le pupille interprétera l'oubli du tuteur. Mais la situation peut être plus compliquée. La répugnance à réaliser son dessein peut, chez le tuteur, provenir d'ailleurs et être tournée d'un autre côté. Le pupille peut notamment n'être pour rien dans l'oubli, lequel serait déterminé par des causes se rattachant à la tierce personne. Vous voyez ainsi combien difficultueuse peut être l'utilisation pratique de nos interprétations. Malgré la justesse de son interprétation, le pupille court le risque de devenir trop méfiant et injuste à l'égard de son tuteur. Ou encore, lorsque quelqu'un oublie un rendez-vous qu'il avait accepté et auquel il est lui-même décidé à assister, la raison la plus vraisemblable de l'oubli devra être cherchée le plus souvent dans le peu de sympathie qu'on nourrit à l'égard de la personne que l'on devait rencontrer. Mais, dans ce cas, l'analyse pourrait montrer que la tendance perturbatrice se rapporte, non à la personne, mais à l'endroit où doit avoir lieu le rendez-vous et qu'on voudrait éviter à cause d'un pénible souvenir qui s'y rattache. Autre exemple : lorsqu'on oublie d'expédier une lettre, la tendance perturbatrice peut bien tirer son origine du contenu de la lettre ; mais il se peut aussi que ce contenu soit tout à fait anodin et que l'oubli provienne de ce qu'il rappelle par quelque côté le contenu d'une autre lettre, écrite jadis, et qui a fait naître directement la tendance perturbatrice : on peut dire alors que le contre-vouloir s'est étendu de la lettre précédente, où il était justifié, à la lettre actuelle qui ne le justifie en aucune façon. Vous voyez ainsi qu'on doit procéder avec précaution et prudence, même dans les interprétations les plus exactes en apparence ; ce qui a la même valeur au point de vue psychologique peut se montrer susceptible de plusieurs interprétations au point de vue pratique.

Des phénomènes comme ceux dont je viens de vous parler peuvent vous paraître extraordinaires. Vous pourriez vous demander si le contre-vouloir « indirect » n'imprime pas au processus un caractère pathologique. Mais je puis vous assurer que ce processus est également tout à fait compatible avec l'état normal, avec l'état de santé. Comprenez-moi bien toutefois. Je ne suis nullement porté à admettre l'incertitude de nos interprétations analytiques. La possibilité de multiples interprétations de l'oubli de projets subsiste seulement, tant que nous n'avons pas entrepris l'analyse du cas et tant que nos interprétations n'ont pour base que nos suppositions d'ordre général. Toutes les fois que nous nous livrons à l'analyse de la personne intéressée, nous apprenons avec une certitude suffisante s'il s'agit d'un contre-vouloir direct et quelle en est la source.

Un autre point est le suivant : ayant constaté que dans un grand nombre de cas l'oubli d'un projet se ramène à un contre-vouloir, nous nous sentons encouragés à étendre la même conclusion à une autre série de cas où la personne analysée, ne se contentant pas de ne pas confirmer le contre-vouloir que nous avons dégagé, le nie tout simplement. Songez aux nombreux cas où l'on oublie de rendre les livres qu'on avait empruntés, d'acquitter des factures ou de payer des dettes. Nous devons avoir l'audace d'affirmer à la personne intéressée qu'elle a l'intention de garder les livres, de ne pas payer les dettes, alors même que cette personne niera l'intention que nous lui prêterons, sans être à même de nous expliquer son attitude par d'autres raisons. Nous lui dirons qu'elle a cette intention et qu'elle ne s'en rend pas compte, mais que, quant à nous, il nous suffit qu'elle se trahisse par l'effet de l'oubli. L'autre nous répondra que c'est précisément pourquoi il ne s'en souvient pas. Vous voyez ainsi que nous aboutissons à une situation dans laquelle nous nous sommes déjà trouvés une fois. En voulant donner tout leur développement logique à nos interprétations aussi variées que justifiées des actes manqués, nous sommes immanquablement amenés à admettre qu'il existe chez l'homme des tendances susceptibles d'agir sans qu'il le sache. Mais en formulant cette proposition, nous nous mettons en opposition avec toutes les conceptions en vigueur dans la vie et dans la psychologie.

L'oubli de noms propres, de noms et de mots étrangers se laisse de même expliquer par une intention contraire se rattachant directement ou indirectement au nom ou au mot en question. Je vous ai déjà cité antérieurement plusieurs exemples de répugnance directe à l'égard de noms et de mots. Mais dans ce genre d'oublis la détermination indirecte est la plus fréquente et ne peut le plus souvent être établie qu'à la suite d'une minutieuse analyse. C'est ainsi que la dernière guerre, au cours de laquelle nous nous sommes vus obligés de renoncer à tant de nos affections de jadis, a créé les associations les plus bizarres qui ont eu pour effet d'affaiblir notre mémoire de noms propres. Il m'est arrivé récemment de ne pas pouvoir reproduire le nom de l'inoffensive ville morave *Bisenz*, et l'analyse a montré qu'il ne s'agissait pas du tout d'une hostilité de ma part à l'égard de cette ville, mais que l'oubli tenait plutôt à la ressemblance qui existe entre son nom et celui du palais *Bisenzi*, à Orvieto, dans lequel j'ai fait autrefois plusieurs séjours agréables. Ici, nous nous trouvons pour la première fois en présence d'un principe qui, au point de vue de la motivation de la tendance favorisant l'oubli de noms, se révélera plus tard comme jouant un rôle prépondérant dans la détermination de symptômes névrotiques : il s'agit notamment du refus de la mémoire d'évoquer des souvenirs associés à des sensations pénibles, des souvenirs dont l'évocation serait de nature à reproduire ces sensations. Dans cette tendance à éviter le déplaisir que peuvent causer les souvenirs ou d'autres actes psychiques, dans cette fuite psychique devant tout ce qui est pénible, nous devons voir l'ultime raison efficace, non seulement de l'oubli de noms, mais aussi de beaucoup d'autres actes manqués, tels que négligences, erreurs, etc.

Mais il semble que l'oubli des noms soit particulièrement facilité par des facteurs psycho-physiologiques ; aussi peut-on l'observer, même dans des cas où n'intervient aucun élément en rapport avec une sensation de déplaisir. Lorsque vous vous trouvez en présence de quelqu'un ayant tendance à oublier des noms, la recherche analytique vous permettra toujours de constater que, si certains noms lui échappent, ce n'est pas parce qu'ils lui déplaisent ou lui rappellent des souvenirs désagréables, mais parce qu'ils appartiennent chez lui à d'autres cycles d'associations avec lesquels ils se trouvent en rapports plus étroits. On dirait que ces noms sont attachés à ces cycles et sont refusés à d'autres associations qui peuvent se former selon les circonstances. Rappelez-vous les artifices de la mnémotechnique et vous constaterez non sans un certain étonnement que des noms sont oubliés par suite des associations mêmes qu'on établit intentionnellement pour les préserver contre l'oubli. Nous en avons un exemple des plus typiques dans les noms propres de personnes qui, cela va sans dire, doivent avoir, pour des hommes différents, une valeur psychique différente. Prenez, par exemple, le prénom Théodore. Il ne signifie rien pour certains d'entre vous ; pour un autre, c'est le prénom du père, d'un frère, d'un ami, ou même le sien. L'expérience analytique vous montrera que les premiers ne courent pas le risque d'oublier qu'une certaine personne étrangère porte ce nom, tandis que les autres auront toujours une tendance à refuser à un étranger un nom qui leur semble réservé à leurs relations personnelles. Et, maintenant qu'à cet obstacle associatif viennent s'ajouter l'action du principe de déplaisir et celle d'un mécanisme indirect : alors seulement vous pourrez vous faire une idée adéquate, du degré de complication qui caractérise la détermination de l'oubli momentané d'un nom. Mais une analyse serrée est capable de débrouiller tous les fils de cet écheveau compliqué.

L'oubli d'impressions et d'événements vécus fait ressortir, avec plus de netteté et d'une façon plus exclusive que dans les cas d'oubli de noms, l'action de la tendance qui cherche à éloigner du souvenir tout ce qui est désagréable. Cet oubli ne peut être considéré comme un acte manqué que dans la mesure où, envisagé à la lumière de notre expérience de tous les jours, il nous apparaît surprenant et injustifié, c'est-à-dire lorsque l'oubli porte, par exemple, sur des impressions trop récentes ou trop importantes ou sur des impressions dont l'absence forme une lacune dans un ensemble dont on garde un souvenir parfait. Pourquoi et comment pouvons-nous oublier en général et, entre autres, des événements qui, tels ceux de nos premières années d'enfance, nous ont certainement laissé une impression des plus profondes ? C'est là un problème d'un ordre tout à fait différent, dans la solution duquel nous pouvons bien assigner un certain rôle à la défense contre les sensations de peine, tout en prévenant que ce facteur est loin d'expliquer le phénomène dans sa totalité. C'est un fait incontestable que des impressions désagréables sont oubliées facilement. De nombreux psychologues se sont aperçus de ce fait qui fit sur le grand Darwin une impression tellement profonde qu'il s'est imposé la « règle d'or » de noter avec un soin particulier les observations qui semblaient défavorables à sa théorie et qui, ainsi qu'il a eu l'occasion de le constater, ne voulaient pas se fixer dans sa mémoire.

Ceux qui entendent parler pour la première fois de l'oubli comme moyen de défense contre les souvenirs pénibles manquent rarement de formuler cette objection que, d'après leur propre expérience, ce sont plutôt les souvenirs pénibles qui s'effacent difficilement, qui reviennent sans cesse, quoi qu'on fasse pour les étouffer, et vous torturent sans répit, comme c'est le cas, par exemple, des souvenirs d'offenses et d'humiliations. Le fait est exact, mais l'objection ne porte pas. Il importe de ne pas perdre de vue le fait que la vie psychique est un champ de bataille et une arène où luttent des tendances opposées ou, pour parler un langage moins dynamique, qu'elle se compose de contradictions et de couples antinomiques. En prouvant l'existence d'une tendance déterminée, nous ne prouvons pas par là même l'absence d'une autre tendance, agissant en sens contraire. Il y a place pour l'une et pour l'autre. Il s'agit seulement de connaître les rapports qui s'établissent entre les oppositions, les actions qui émanent de l'une et de l'autre.

La perte et l'impossibilité de retrouver des objets

rangés nous intéressent tout particulièrement, à cause de la multiplicité d'interprétations dont ces deux actes manqués sont susceptibles et de la variété des tendances auxquelles ils obéissent. Ce qui est commun à tous les cas, c'est la volonté de perdre ; ce qui diffère d'un cas à l'autre, c'est la raison et c'est le but de la perte. On perd un objet lorsqu'il est usé, lorsqu'on a l'intention de le remplacer par un meilleur, lorsqu'il a cessé de plaire, lorsqu'on le tient d'une personne avec laquelle on a cessé d'être en bons termes ou lorsqu'il a été acquis dans des circonstances auxquelles on ne veut plus penser. Le fait de laisser tomber, de détériorer, de casser un objet peut servir aux mêmes fins. L'expérience a été faite dans la vie sociale que des enfants imposés et nés hors mariage sont beaucoup plus fragiles que les enfants reconnus comme légitimes. Ce résultat n'est pas le fait de la grossière technique de faiseuses d'anges ; il s'explique par une certaine négligence dans les soins donnés aux premiers. Il se pourrait que la conservation des objets tombât sous la même explication que la conservation des enfants.

Mais dans d'autres cas, on perd des objets qui n'ont rien perdu de leur valeur, avec la seule intention de sacrifier quelque chose au sort et de s'épargner ainsi une autre perte qu'on redoute. L'analyse montre que cette manière de conjurer le sort est assez répandue chez nous et que pour cette raison nos pertes sont souvent un sacrifice volontaire. La perte peut également être l'expression d'un défi ou d'une pénitence. Bref, les motivations plus éloignées de la tendance à se débarrasser d'un objet par la perte sont innombrables.

Comme les autres erreurs, la méprise est souvent utilisée à réaliser des désirs qu'on devrait se refuser. L'intention revêt alors le masque d'un heureux hasard. Un de nos amis, par exemple, qui prend le train pour aller faire, dans les environs de la ville, une visite à laquelle il ne tenait pas beaucoup, se trompe de train à la gare de correspondance et reprend celui qui retourne à la ville. Ou, encore, il arrive que, désirant, au cours d'un voyage, faire dans une station intermédiaire une halte incompatible avec certaines obligations, on manque comme par hasard une correspondance, ce qui permet en fin de compte de s'offrir l'arrêt voulu. Je puis encore vous citer le cas d'un de mes malades auquel j'avais défendu d'appeler sa maîtresse au téléphone, mais qui, toutes les fois qu'il voulait me téléphoner, appelait « par erreur », « mentalement », un faux numéro qui était précisément celui de sa maîtresse. Voici enfin l'observation concernant une méprise que nous rapporte un ingénieur : observation élégante et d'une importance pratique considérable, en ce qu'elle nous fait toucher du doigt les préliminaires des dommages causés à un objet :

« Depuis quelque temps, j'étais occupé, avec plusieurs de mes collègues de l'École supérieure, à une série d'expériences très compliquées sur l'élasticité, travail dont nous nous étions chargés bénévolement, mais qui commençait à nous prendre un temps exagéré. Un jour où je me rendais au laboratoire avec mon collègue F..., celui-ci me dit qu'il était désolé d'avoir à perdre tant de temps aujourd'hui, attendu qu'il avait beaucoup à faire chez lui. Je ne pus que l'approuver et j'ajoutai en plaisantant et en faisant allusion à un incident qui avait eu lieu la semaine précédente : « Espérons que la machine restera aujourd'hui en panne comme l'autre fois, ce qui nous permettra d'arrêter le travail et de partir de bonne heure. »

« Lors de la distribution du travail, mon collègue F... se trouva chargé de régler la soupape de la presse, c'est-à-dire de laisser pénétrer lentement le liquide de pression de l'accumulateur dans le cylindre de la presse hydraulique, en ouvrant avec précaution la soupape ; celui qui dirige l'expérience se tient près du manomètre et doit, lorsque la pression voulue est atteinte, s'écrier à haute voix : « Halte ! » Ayant entendu cet appel, F... saisit la soupape et la tourne de toutes ses forces... à gauche (toutes les soupapes sans exception se ferment par rotation à droite !) Il en résulte que toute la pression de l'accumulateur s'exerce dans la presse, ce qui dépasse la résistance de la canalisation et a pour effet la rupture d'une soudure de tuyaux : accident sans gravité, mais qui nous oblige d'interrompre le travail et à rentrer chez nous. Ce qui est curieux, c'est que mon ami F..., auquel j'ai eu l'occasion quelque temps après de parler de cet accident, prétendait ne pas s'en souvenir, alors que j'en ai gardé, en ce qui me concerne, un souvenir certain. »

Des cas comme celui-ci sont de nature à vous suggérer le soupçon que si les mains de vos serviteurs se transforment si souvent en ennemies des objets que vous possédez dans votre maison, cela peut ne pas être dû à un hasard inoffensif. Mais vous pouvez également vous demander si c'est toujours par hasard qu'on se fait du mal à soi-même et qu'on met en danger sa propre intégrité. Soupçon et question que l'analyse des observations dont vous pourrez disposer éventuellement vous permettra de vérifier et de résoudre.

Je suis loin d'avoir épuisé tout ce qui peut être dit au sujet des actes manqués. Il reste encore beaucoup de points à examiner et à discuter. Mais je serais très satisfait si je savais que j'ai réussi, par le peu que je vous ai dit, à ébranler vos anciennes idées sur le sujet qui nous occupe et à vous rendre prêts à en accepter de nouvelles. Pour le reste, je n'éprouve aucun scrupule à laisser les choses au point où je les ai amenées, sans pousser plus loin. Nos principes ne tirent pas toute leur démonstration des seuls actes manqués, et rien ne nous oblige à borner nos recherches, en les faisant porter uniquement sur les matériaux que ces actes nous fournissent. Pour nous, la grande valeur des actes manqués consiste dans leur fréquence, dans le fait que chacun peut les observer facilement sur soi-même et que leur production n'a pas pour condition nécessaire un état morbide quelconque. En terminant, je voudrais seulement vous rappeler une de vos questions que j'ai jusqu'à présent laissée sans réponse : puisque, d'après les nombreux exemples que nous connaissons, les hommes sont souvent si proches de la compréhension des actes manqués et se comportent souvent comme s'ils en saisissaient le sens, comment se fait-il que, d'une façon générale, ces mêmes phénomènes leur apparaissent souvent comme accidentels, comme dépourvus de sens et d'importance et qu'ils se montrent si réfractaires à leur explication psychanalytique ?

Vous avez raison : il s'agit là d'un fait étonnant et qui demande une explication. Mais au lieu de vous donner cette explication toute faite, je préfère, par des enchaînements successifs, vous rendre à même de la trouver, sans que j'aie besoin de venir à votre secours.

---

1. Séance du Reichstag allemand, nov. 1908.
2. *Hose* signifie *pantalon*.

TABLE DES MATIÈRES

Introduction	1
1	16
2	37
3	66

Copyright © 2022 par FV Éditions
Design de la couverture : Canva.com
ISBN Ebook : 9791029913426
ISBN Livre broché : 9791029913433
Tous Droits Réservés

www.ingramcontent.com/pod-product-compliance
Lightning Source LLC
LaVergne TN
LVHW030344070526
838199LV00067B/6442